ちくま新書

政治の哲学

——自由と幸福のための11講

橋爪大三郎
Hashizume Daisaburo

1353

Philosophy of Politics
by
HASHIZUME Daisaburo
Chikumashobo Ltd. Tokyo Japan 2018 : 09

政治の哲学【目次】

第10講　家族

第11講　自由

まえがき

政治には、哲学が必要だ。

なぜだろう。

政治は、ものごとを決めること。特に、大勢に関わる問題を、みんなで決めることである。決めるからには、結論はひとつになる。

いっぽう哲学は、なにが正しいかを、自分で考えること。ひとによって考え方が違うので、結論はひとつにならない。じゃあ、政治に、哲学が必要なのか。

*

政治には、やっぱり、哲学が必要だ。

なぜだろう。

民主主義の根本は、選挙である。候補者が、こういう政治をしますと政策を掲げて、訴える。それを聞いて、有権者は、このひとならと思う候補者に、一票を投じる。政治についての自分なりの考えがないと、投票することができない。

政治は、選挙がすんだあと、選ばれた議員や、首長や、内閣が行なう。でも、しばらくすると、また選挙がある。有権者が、政治についてのしっかりした考え方（哲学）をもっているのでないと、このサイクルがうまく回らない。

日本の政治は、停滞している。もっと、何とかなるはずだ。いろいろ原因があるが、いちばんは、有権者が政治について、しっかりした哲学をもっていないせいだと思う。学校でも、教えてくれない。ちょうどよい本も、売っていない。それなら、そういう本を書くしかない。そう思って、『政治の哲学』を書くことにした。

＊

「政治の哲学」と言っても、むずかしいことではない。

誰でも知っている、市場（経済）のことや、国会のことや、政府のことや、税金のことや、年金のことや、教育のことや、…、つまり、わたしたちの社会や生活のことが、書いてある。

本書の特徴があるとすれば、それは、市場を中心に、政治を理解していくこと。ここから、さまざまな政治的な立場が分かれていく。ここのところを、はっきり押さえるなら、自分なりの「政治の哲学」が、手に入ると思う。

そうやって、政治を学び、政治をよくし、社会をよくしよう。そういう願いで、本書を書いた。予備知識がなくても、中学生でも、楽しく読めるはずだ。

さあ、「政治の哲学」の世界に、ご案内しよう。

第1講

政治の哲学

政治は、大事なのか

政治はあまり、身近なものではありません。「政治家」という、政治を職業にする人びとは、ごくひと握りです。

それ以外の人びとは、ふだん、政治とまあ無関係に暮らしています。政治のことは、テレビのニュースや新聞で知るぐらいで、政治に無関心でも生きていけます。ですから、改めて「政治」と聞くと、つい身構えてしまって、苦手意識が先に立ちます。

＊

学校では、「政治は大事ですよ」と教わりました。憲法のこと、人権のこと、国民主権や三権分立や、国会の仕組みについても教わりました。

でも、あんまり印象に残っていません。なぜなら学校では、政治のほかにも、「歴史が大事ですよ」「数学が大事ですよ」「国語が大事ですよ」「英語が大事ですよ」「健康が大事ですよ」…と、大事なものがいろいろあるからです。それらに埋没してしまって、政治のどこがどう大事なのか、印象が薄いのです。

学校を出ると、就職が大事、結婚が大事、子育てが大事、家計のやりくりが大事、…になって、政治どころではありません。気がつけば、「政治のどこが大事か、よくわからない」になっているのではないでしょうか。

*

でもやっぱり、政治は大事です。

それは、政治が、あなたの幸福の「質」を決めるからです。

誰だってみんな、幸福に生きていきたいと願っています。そのために、努力しています。仕事をがんばったり、家族に尽くしたり、人間関係に気を使ったり、夢にむかって貯金したりしているのです。

でも、自分の努力は大事ですが、社会の仕組みも大事ではないでしょうか。健康保険がなかったら。年金や社会福祉が受けられなかったら。学校や、高速道路や、水道ガス電気や、住宅ローンや、失業保険や、…がなかったら、あなたの生活はかなりピンチにならないでしょうか。

こうしたものは、自分の努力（だけ）ではどうにもならない、社会の仕組みです。そしてその、社会の仕組みを支えているのが、政治なのです。

政治が失敗すると、あなたの幸福も、壊れてしまいかねません。

政治とは、なんだろう

「政治」と言えば、ふつうに意味がわかります。でも、議論の出発点なので、ここはひとつ、厳密に定義をしておきましょう。

〔定義〕政治とは、人びとを拘束するようなことがらを、決めることである。（☆）

これは、広義の、政治の定義です。（どこが広義かは、これから説明します。）「人びと」は、複数であればよく、数人でも、国民全体でも、かまいません。数人の場合を「ミクロな政治」、国民全体のような場合を、「マクロな政治」とよびます。会社や学校ではよく、そして家庭でも、みんなが従わなければならないことを決めます。これは「ミクロな政治」で、政治の一種です。こう考えるのが、広義。

でもふつう、「政治」と言えば、国全体とか、せいぜい地方自治体とか、大勢の人びと全員に関わることを決めることをいいます。「マクロな政治」が政治。これが、狭義の政治です。これも定義しておきましょう。

〔定義〕政治とは、国や自治体全体に関わることがらを、決めることである。

国や自治体は、政治を行なうための組織を設けています。議会や政府が、それに当たります。

＊

もう少し、政治の定義（☆）の説明を続けます。

「拘束する」とは、決まったことに制約され、従わなければならないことをいいます。なぜ、決まったことに従わなければならないか。この点は、むずかしい。従わなくてもよさそうな気がします。この議論に深入りしませんが、社会は、まとまりをもつために、そこでそう決まったら従いましょう、という場所や人物をもっている場合が多い。それを、権威といいます。権威ある手続きや、権威ある誰かが、そう決めたら、従いましょうという習慣がある。だから従う、と考えられます。

伝統社会では、権威があるのは、部族の首長や王様。近代社会では、議会などの政府機関ですね。

＊

「決める」。決めることには、大事な性質があって、決める前には、決まっていない。決めたあとには、もう決まっている。当たり前ですが、考えてみると、不思議なことです。

決めることによって、いろいろ可能性（選択肢）があったものが、そのひとつだけが現実となり、残りは実現しなかったことになります。政治は、ものごとを決めることによって社会に現実をつくりだす働きがあるのです。

定義（☆）は政治の、本質だと思います。もっと掘り下げた説明や政治の原理論は、だいぶ前に『政治の教室』という本に書きました（ＰＨＰ新書、二〇〇一年／講談社学術文庫、二〇一二年／ＰＨＰ新書Ｋｉｎｄｌｅ版、二〇一三年）。参考にして下さい。

政治を理解する

政治は、近代社会では、法律をつくって、社会の骨格を決める役割を果たします。

民主主義では、一般の人びとが、政治に参加します。選挙で国会議員を選び、議会に代表を送ります。その議会で、予算や法律を決めます。

伝統社会では、政治はごく一部の人びととのものでした。それが、近代社会になり、民主主義になって、すべての人びとが政治に参加するようになりました。これは、大勢の人びとが力を尽くし、血を流してかちえた努力のたまものです。

＊

ではいま、日本の政治はうまく行っているのか。

あまりうまく、行っているとは思えません。

保守党の長期政権が続き、野党が弱体です。国会で、しっかり法案を審議し、論争を戦わせているようにも思えません。議員立法も、ごくわずかです。

そして何より困ったことに、国民の関心が低い。民主主義は、国民が政治に関心をもち、政治に参加し、政治の主役になるのでないと、うまく行かないのです。そのため、どういう困ったことが起きているか、本書のなかで追い追い説明して行きます。

*

民主主義が、設計どおりの性能を発揮するためには、ふつうの人びとが、政治というものについてよく理解し、その原理やメカニズムを熟知していないといけません。

こういうことは、本来、学校で教えるべきなのですが、それがとても不十分です。だいたい学校の先生が、政治についてよくわかっていない。それでは教えることができません。

そして、肝腎の政治家が、必ずしもわかっていない。

本書がめざすのはこの、政治の原理の急所を、しっかり理解することです。理解してしまえば、政治の原理は、そうむずかしいことではない。そして、ひとりでも多くの人びとが、政治の原理を踏まえて行動すれば、この社会を確実に、よくすることができるのです。

政治の哲学

そこで本書がテーマにするのは、政治の「哲学」です。

政治の哲学。政治の「考え方」、といってもよい。政治を、どう考えたらよいかという、道筋のことです。

＊

政治の特徴は、人びとのあいだで、意見が分かれることです。ある人びとはこの案がいいと言い、別な人びとはあの案がいいと言う。そもそも人びとの意見が一致しているなら、わざわざ何かを「決める」必要はありません。「決める」のは、人びとの意見が一致していないからです。そして、もう決まったからと、意見の違う人びとも納得させて、一致をつくり出すのです。

意見の違いは、立場の違い。政治は何を重視すべきかという、考え方の違いです。

政治には、昔、左翼／右翼、の対立がありました。イギリスでは、保守党／自由党、の対立もありました。戦後の日本ではしばらく前まで、保守／革新、の対立が続いていました。いまの日本では、どういう考えとどういう考えが対立するのか、政治の対立軸がはっきりしなくなっています。政治の課題をみつける力が、弱くなっているのかもしれません。

＊

政治に参加するには、課題（人びとが困っている問題）をみつけ、自分はどういう考え方で、どういう立場をとります、とはっきりさせる必要があります。現状を変えて、新しい状態をつくりだす。それは、価値観にもとづきます。「哲学」と言ってもよい。価値観や哲学が違えば、これから社会を、どういう方向に変えていけばよいのか、の方針も違ってくるのです。

価値観や哲学は、言葉で語ることができます。異なる価値観や哲学と、論争することができます。論争には、知恵がいるだけで、お金はかからない。実際に橋をかけたり、空港を造ったりすれば、お金がかかります。お金をかける前に、どの案にするか、よく議論する。どの政策が望ましいか、比較検討する。議会は、そのための場所です。

＊

政治の哲学。

世界のさまざまな国では、政権をめぐって、与党と野党がしのぎを削っています。与党と野党の対立は、どういう価値観や哲学にもとづいて、政治を進めるのかの、考え方の違いです。

大きな政府か、それとも小さな政府か。高福祉高負担か、それとも自由放任か。保守主義か、それとも社会民主主義か。政府の権限拡大か、それとも規制緩和か。競争の重視か、それとも社会的弱者の保護か。……。政治をめぐって、さまざまな対立軸があります。そしてその基礎には、価値観や哲学の違いがあります。

＊

政治を理解する急所は、ですから、どういう価値観、どういう哲学によって、さまざまな立場が分かれているのか、という点です。そこがわかれば、複雑にみえる政治の世界も、すっきり見通すことができます。

だから本書は、「政治の哲学」をテーマにするのです。

それではさっそく、本題に入りましょう。

第2講

市場

市場とはなにか

最初に考えるのは、市場です。

市場。英語では、market。経済学で、議論の出発点になりますね。

でも、これから政治を考えようというのに、なぜ、市場から話が始まるのでしょう。

＊

近代社会では、経済と、政治とは、別々に分かれています。政経分離、といいます。

伝統社会では、経済と政治は、必ずしも分離していませんでした。政治はすぐ、経済に介入しました。たとえば、塩や鉄を専売にしたり、商人に命じて政府に資金を出させたり。ヨーロッパでは、封建領主が商品の価格を決めることもありました。商人に任せておくと、高値で暴利をむさぼるから、領主が正しい価格を決めてあげよう、という理屈です。

でも、近代社会では、政治は原則として、市場に介入しません。そこで市場は、自律的に運動するようになって、市場法則が成立します。市場法則が成立すれば、それを科学的に研究する、経済学が成立することになります。

＊

経済（市場）も政治（政府）も、社会の重要な領域です。けれども、その成り立ちが、正反対と言っていいほど異なっています。

市場で、人びとは、経済活動を行ないます。その中心は、商品を交換することです。市場には、生産活動を行なう人びともいて、商品をうみ出します。

市場とは何か。定義するならば、

〔定義〕市場とは、さまざまな商品を、貨幣を払えば買える仕組みである。


商品は、人びとのあいだで交換されるもの（財）のこと。

貨幣は、交換の媒介となって、さまざまな商品を交換に入手できる、特別な財のこと。

貨幣がないあいだは、物々交換するしかありません。貨幣が現れた段階で、交換の仕組みの全体を、市場と言えるようになります。古代社会に、市場はうまれました。

＊

伝統社会に、貨幣があり、市場があります。その経済を、「商品経済」といいます。そこで商品とは、貨幣と交換される財のことです。

でも、伝統社会ではふつう、貨幣と交換できないものが、多くあります。土地が、売り買いできない社会。労働力が、売り買いできない社会。（奴隷制は、人間を売り買いしているので、労働力を売り買いしていません。）資本が、売り買いできない社会。などなど。
近代社会の特徴は、ほとんどすべての財が、貨幣で売り買いされるようになることです。その経済を、「市場経済」といいます。とくに重要なのは、土地、労働力、資本の市場が成立することです。（土地、労働力、資本、の三つを生産要素といいます。）あらためて定義しておけば、

〈定義〉市場経済とは、一般の商品の市場に加えて、土地、労働力、資本の市場もそなえた経済、をいう。

市場経済とは、資本主義経済と、実質的に同じものです。
ちなみに中国は、「社会主義市場経済」を名のっていますが、これは、「政治は、社会主義＝共産党の一党支配で、経済は、市場経済＝資本主義経済」という意味です。

市場は、自由である

さて、この市場が、政治にとっての出発点になるのです。

＊

市場には、際立った特徴があります。それは、「市場では、すべてが合意にもとづいて、行なわれる」ということです。

これは、当たり前のような気もしますが、とても重要な市場の性質です。そして、政治の領域と、くっきり対照をなしています。

「合意にもとづく」とは、どういうことかと言うと、契約のことです。

市場では、商品を売買します。商品の売り手がいて、商品の買い手がいる。売り手は、なるべく高く売りたい。買い手は、なるべく安く買いたい。でも市場には、相場というものがあって、この商品の値段はこれぐらい、とだいたい決まっている。そこで売り手と買い手が折れ合って、ではこの値段で取引きします、と約束する。これが、売買の契約です。双方が合意しない限り、契約は成立しません。

市場では、さまざまな取引きが行なわれますが、どの契約も、どの契約も、みな合意にもとづいています。合意がないのに、財の所有権を移転してしまうのは、違法行為（泥棒）です。

＊

合意すると言っても、ほんとうに同意しているのか、という問題もあります。

Aさんは住宅ローンを組んで、銀行から借金をし、マイホームに住んでいた。ところが失業してしまい、月々のローンが返せなくなった。仕方なしに、マイホームを手放すことにしたが、思うような値段で売れない。やっと買い手が現れて、泣く泣く安値で売り渡した。Aさんは、ほんとうは、マイホームを売りたくないのです。こんな契約も、合意なのか。

合意です。

Aさんには同情しますが、それでも買い手が現れてよかった。買い手が現れなければ、Aさんはもっと困ったでしょう。そういう意味で、Aさんは売却に同意しています。Aさんにとっても、やれよかった、という側面があるのです。

マルクス主義の批判

市場が合意にもとづくという原則を、いちばん痛烈に批判したのが、マルクス主義です。

マルクス主義は、労働者が資本家に雇われる、労働市場の性質を問題にしました。

＊

マルクスは言います。労働者は、生産手段を持っていない。自分の労働力以外に、売るものがない。生活のため、資本家のところに出かけて行って、契約を結んで雇われる。この契約は、みかけは双方の合意にもとづくのだが、労働者は足元をみられている。働きたいが仕事のない労働者（産業予備軍）は大勢いて、賃金はぎりぎりの水準に下げられてしまう。自由に契約を結ぶみかけの裏で、労働者は資本家に搾取されているのだ、と。

かたちのうえでは、対等な契約でも、実質は、労働者を資本家が搾取する。契約のなかみが不当である。マルクス主義はこのように、市場経済（資本主義経済）を批判します。労働者は、自由であっても自由でない、というのです。

マルクス主義の解決案は、市場経済をなくしてしまうことです。

と言っても、経済をなくすことはできません。そこで、革命を成功させたソ連では、市場経済に代えて、計画経済を採用しました。計画経済とは、誰がなにをどれくらい生産し、いくらで売買するのか、政府がすべて決める経済です。やってみた結果は、市場経済にくらべて効率が悪いうえに、共産党の幹部が資本家以上の特権階級になってしまって、うまく行きませんでした。ソ連の計画経済が崩壊したのは、ご承知の通りです。

自由主義経済

市場経済を別名、自由主義経済といいます。

自由とは、経済活動を行なう自由のこと。契約の自由や、職業選択の自由。新しい会社をつくったり、従業員を雇ったり、辞めさせたり、株式を発行したり、銀行から融資を受けたりする自由。そして、経済活動を、政府に干渉されない自由。市場が、自律的に活動する自由です。

＊

自由主義経済は、社会主義経済でない、という意味で使われました。社会主義は、市場が不完全であるとし、政府が、社会主義政策を掲げて、市場に介入するのがよいとします。その徹底したかたちが、マルクス主義の、計画経済でした。

計画経済が破綻したあと、社会主義政策を掲げてがんばっているのは、「社会民主主義」です。社会民主主義は、経済的な自由よりも、平等や福祉を重視する。有力な考え方のひとつです。

＊

自由は、なぜ大事か。

それは、人間が、自分の人生に責任をもつ根拠だからです。誰もが、自分の考えにもとづいて、自分の人生を生きていける。ほかの誰かに、指図されない。政治的な自由。経済的な自由。思想・信条の自由。これらは、近代社会を基礎づける価値です。

市場は、人間の自由を保証する制度として、重要です。

市場は、人間の物質的生存の条件を整える仕組み（経済）の、近代的なかたちです。近代社会は、市場メカニズムなしに、機能しません。マルクス主義が失敗したあと、このことがますますはっきりしました。

そこで、近代の議会制民主主義にもとづく政治は、自由主義経済を正しいと認め、市場メカニズムを前提とし、そのうえで、市場に対してどういう態度をとるかを考えます。この考え方の違いによって、政治の価値観や哲学が、分岐してくるのです。

このことをまず、しっかり押さえておきましょう。

政府は税をとる

市場と政府とは、対照的な仕組みだ、とのべました。では、どこが対照的なのか。

政府の特徴は、税をとることです。

このことは、世界中で変わりません。税をとることを、政府の定義にしても、よいくらいです。

*

さて、「税」とはどういうものか。

市場の「契約」と比べると、その違いがはっきりします。

まず、市場の契約と、税の共通点。どちらも、資源の移転です。誰かから、別の誰かに、資源が移転する。所有権の移転が起こります。

では、相違点はなにか。契約（売買）は、双方の合意にもとづく。それに対して、税は、有無を言わさず、無理やり取られてしまう。合意がなくても財が移転するのは、市場のなかでは起こりません。起これば犯罪です。税は、しかし、犯罪ではなくて合法的。政府が手続きによって、市場に参加している人びとや企業から集めるのが、税です。

＊

このように考えると、税は、市場メカニズムにもとづくのではありません。税を集める政府は、市場の「外」に存在します。

でも、税は、資源の移転ですから、経済的行為ではあります。

そして、集めた税は、特定の目的のために、支出します。税を集めることを歳入、税を支出することを歳出、といいます。支出する場合は、市場のルールにもとづいて、合意にもとづいて職員を雇い入れたり、財を購入したりする。政府の資産を売り払ったりする場合もある。この点から言えば、政府は片足を市場におき、もう片足を市場の外に置いている、特異な存在だと言えます。

夜警国家

さて、集めた税金を使って、政府が何をやるかというと、公共サーヴィスです。公共サーヴィスは、市場が提供するサーヴィスとは違って、商品ではありません。原則として、無料で提供されます。（住民票の交付や、高速道路のように、料金を徴収する場合もあります。）

＊

公共サーヴィスの代表的なものは、軍事と警察です。

軍事とは、軍隊をそなえて、戦争する（外国の軍隊と戦う）こと。政府以外の民間の団体は、戦争する資格（交戦権）がありません。軍人の給与を払い、装備を整えるには巨額の費用がかかるので、実際問題として、政府でなければまかなえません。

警察とは、警察の組織を整備して、刑法を犯した犯人を捕まえるなどして、社会秩序を維持することです。容疑者を逮捕して、取り調べるなど、特別の権限をもちます。

これ以外に、検察とか、裁判所などの司法制度とか、外交とか、政府がもっぱら提供するサーヴィスがいろいろあります。

＊

では、政府は、市場に対して、どのような態度をとるべきなのでしょうか。

ひとつの考え方は、最小限のことだけやる、というものです。これは、「夜警国家」論と言われる、古典的な考え方です。夜警のように、軍事や警察といった秩序維持の活動だけを行ない、それ以外の活動はしなくていい、という考え方です。

一九世紀の前半ごろまでは、この考え方はそれなりに、説得力がありました。そのころ、政府はやりたくても、国民のために大したことはできなかったからです。

けれども、だんだん、政府は多くの事業を行なうようになりました。国民も、政府にさまざまの公共サーヴィスを期待するようになりました。

公共財

財のなかに、公共財とよばれるものがあります。

たとえば、道路。生活のために必要なものですが、誰が通ってもタダで、料金はとられません。けれども、道路の補修や整備には、お金がかかっているはずです。それは、政府が、税金を使って行なっているのです。

道路（駅前通り）の補修や整備の費用を、その道路（駅前通り）を通る人びとからいちいち徴収するのは、非現実的です。そこで、全員からまとめてまず税金を集めておき、あちこちの道路の補修や整備にあとから使います。税金は、道路を通行する「料金」ではありません。税金をたくさん払ったひとも、払っていないひとも、同じように道路を通行する権利があります。

道路のほかにも、港湾や、空港や、公園や、郵便や、消防や、鉄道や、教育や、上下水道や、電気やガスや、電話や、ゴミ収集や、いろいろなサーヴィスがあります。これらは、社会生活を成り立たせる基盤になるものなので、「社会インフラ」といいます。

＊

道路のように、誰が利用しても特に減るものではなく、ほかの誰かが利用することを妨げもしないものを、公共財といいます。

政府は、公共財を提供する役目を果たします。市場では誰も、公共財を提供しないからです。公共財がちゃんと提供されることは、市場が円滑に運行するための、前提条件です。

公共財に限らず、社会インフラが整っていることは、市場にとって大切です。郵便や鉄道は、利用者が費用を負担します。政府が事業を行なうこともできるし、民営化することもできます。

公共財を提供したり、社会インフラを整えたりすることは、夜警国家の範囲をはみ出る、政府の役割です。近代国家は、政府がこうした役割をになうのを、当然とします。

市場の自律性

公共財を提供したり、社会インフラを整備したりするのは、市場メカニズムを信頼している、ということです。

市場は、自律性をもっています。政府は、市場に介入しないで、そっと見守る。そのほうが、市場が本来もっている性能が発揮される。なるべく市場に任せておくのがよい。――このように考えるのが、ひとつの有力な、政治的立場です。

＊

市場は、どういう性能をもっているのでしょうか。

市場では、人びとが合意したことしか、起こりません。取引きの結果は、取引きがなかったときにくらべて、人びとの満足を上昇させているはずです。

経済学は、つぎのように教えます。「厚生経済学の基本定理」とよばれるものです。

〔定理〕市場は、自由に取引きが行なわれた結果、参加した人びとの満足の最適状態を実現する。

市場で、起こるべき取引きがすべて実現した状態を、「市場均衡」といいます。その結果は、これ以上の取引き（資源の移転）を行なうと、誰かの満足がかえって低下してしまう状態です。これを、「パレート最適」といいます。

これを簡単に言うと、「市場均衡はパレート最適を実現する」となります。

以上のことが実現するには、完全情報とか、自由競争とか、いくつかの前提が満たされる必要があります。詳しいことは、経済学の教科書をみて下さい。

＊

「市場均衡は、パレート最適を実現する」。市場の効率性を表す、標語のようになっています。計画経済に比べて、自由主義経済のほうが優れている、と主張する根拠ともされました。

もっとも、この定理は、なかなか解釈がむずかしい点があります。まず、市場には、経済的不平等を是正するはたらきは、（あまり）ありません。うんと資源をもっている大金持ちと、ほとんど資源をもっていない貧乏人が、市場で取引きを始めたとします。取引きは、合意にもとづくので、大金持ちの資源を取り上げることができません。そこで、大金持ちも貧乏人も、取引きの結果、前よりちょっとは満足すべき状態になるでしょうが、貧富の格差はそのままです。

それに、ある特定の状態（だれがどんな資源を、それぞれどれだけ持っているか）から出発しても、実現する均衡状態（パレート最適の状態）は、ひと通りではありません。パレート最適は、決して「社会にとっていちばん望ましい」状態を意味しないのです。

市場の失敗

市場は、たしかに、よい性質をもっています。政府がいちいち介入しなくても、人びとが自発的に経済活動を行なって、よりよい状態を自動的に実現するからです。

政府が下手に介入すると、この市場の性質をそこなってしまいます。

＊

市場は何をしているか。人びとの生活を支える、物質的条件をつくりだしています。食糧や衣服や住居や、生活に必要なさまざまなものを、市場は提供します。それらをうみだしているのは、人びとの労働です。農民や縫製業者や建設業者や、さまざまな人びとが、収入をえるために労働に従事しています。そして、結果的に、社会に奉仕しています。それが、誰がシナリオを書いたわけでもないのに、うまく実現していく仕組みが、市場メカニズムです。

私たちは、市場メカニズム以上に、うまい仕組みをまだ知りません。

＊

けれども、市場が万能かと言えば、そんなことはありません。

第一に、いまも言いましたが、人びとのあいだの不平等を取り除くことができるとは限らない。むしろ、人びとのあいだの不平等を拡大してしまうかもしれません。

第二に、それと関連しますが、失業や貧困など、望ましくない状態をうみだしてしまうかもしれません。市場では、誰もが自分のことだけ考えて行動するので、全体としてよくない状態をうみだすかもしれません。それを予測することも、むずかしいのです。

第三に、市場が自律的に活動した結果、市場の外側に、困った状態をうみだすかもしれません。たとえば、環境破壊。資源の枯渇。文化伝統の破壊、などなど。

市場は、自律性をもっているがゆえに、こうした望ましくない結果がうまれるのを、防ぐことができないのです。これを、「市場の失敗」といいます。

では、どうするか。

市場が失敗するのなら、市場の外側から、介入するしかないのかもしれません。それも、政府の役割です。

＊

そもそも、こんな介入をすべきなのかどうか。ここで意見が分かれます。

市場の自律性を信奉する人びとは、どんな種類の介入であれ、人為的な介入について懐疑的です。人間の知恵など、たかが知れている。かえって、問題をこじらせてしまうだけである。市場の自律性を絶対視して介入を嫌う立場を、「市場原理主義」といいます。

それに対して、市場の失敗を放置できない、とする立場もあります。この立場は、市場とは独立に、社会を評価する尺度をもっています。人びとのあいだの経済的不平等の度合い（「ジニ係数」という指標がよく用いられます）。どれぐらいの人びとが貧困にあえいでいるか。出生率は十分に高い水準にあるか。平均寿命は、他国にくらべて低すぎないか。人びとの生活満足度は、それなりの水準にあるか。男女の格差は十分に是正されているか、などなど。

＊

何を重視し、何に注目して、政府がどう行動すべきだと考えるか。それによって、政治的な立場が分かれます。

この立場の違いは、経済学からも、政治学からも導かれません。そのひとの生き方、考え方による。政治をめぐる、価値観や哲学によるのです。

ですから、個別に考えていくしかない。個別の問題と取り組む、考え方の筋道を、言葉でしっかり構築していきます。それが、政治を支える価値観や哲学になります。

教育をめぐって

例として、教育について考えましょう。

教育は、政府が用意する、公共財のようにも考えられます。市場で提供される、サーヴィスのようにも考えられます。どちらともつきにくいと言えます。

*

教育は、初等・中等教育と、高等教育・専門教育で、分けて考えるとよいと思います。

初等教育（小学校）、中等教育（中学・高校）は、日本国民の誰もが受ける教育。国民共通の素地をつくります。そのあと、どんな職業についても、どんな人生を送っても、ここまでの教育が土台になる。ナショナル・ミニマムとも言うべきものです。たとえ家庭環境に問題があっても、両親・保護者の所得がどうあろうと、しっかりした教育を受けられねばなりません。

ですから、初等・中等教育の費用を、税金でまかなうのは合理的です。自己負担だと、月謝が家計の負担になる世帯が出てきます。公立学校の費用を、高等学校まで、無償化にするのはよい政策です。

でも、公立学校を無償化するだけでは、不十分です。日本の家計支出の統計をみると、教育費の内訳は、学校の月謝など学校教育費と、塾や予備校など学校外教育費が半々。家計に余裕がないと、受験して上の学校に進学するのは不利なのです。高校入試をなくすとか、公立高校の教育力をアップするとかが、必要になります。

＊

大学はどうか。大学への進学率は五〇％程度。すべての人びとが進学するわけではありません。大学の教育費は、しばらく前の数字ですが、学生一人に平均で年間一八〇万円ぐらいかかっていて、かなり費用がかさみます。国立大学の学費は、年間六〇万円ほど。かなりを国（税金）が負担するかたちになっています。

大学など高等教育を受けたひとは、生涯所得が増えます。大学卒業生は、経済的・社会的に恵まれた人びとです。その人びとの学費を、大学に行かない人びとを含めた国民全員から集めた税金でまかなっている。こういう現状は、社会的不公平を拡大するやり方ではないでしょうか。高等教育は、原則、受益者負担（学生が奨学ローンを組んで、学費を払い、卒業後に返済する）にするのが正しいと、私は思います。

＊

「大学無償化」を主張する人びとがいます。親の所得が低い学生が、進学しやすいようにという理由です。政策として、間違っていると思います。その理由は、教育について議論する第7講で、詳しくのべます。

保育園について

初等教育よりも、もっと年齢の低い、幼稚園や保育園はどうでしょうか。

幼稚園は、幼児教育だから文部（科学）省、保育園は、勤労者支援だから厚生（労働）省と、長いあいだ管轄が分かれていました。でもだいたい似たことをやっているからというので、幼保一元化が進んでいます。

保育園は、働く両親を支援するための施設なので、教育機関とは意味合いが違います。そして、資格をもった専門家が、少人数の子どもたちを保育するので、コストがかかります。しかも、家計の負担を考えると、保育料を高く設定できません。つまり、保育園を市場メカニズムによって商業的に運営するのは、困難です。十分な数の保育園を用意するには、かなりの公的支援（税金の投入）が必要です。

ではこれは、意義のある支出なのか。保育園が整っていることは、女性がキャリアを中断しないで働き続けるために、重要です。男女の格差をなくし、働き方や生き方の幅を拡げ、社会を住みやすくする。子どものいないひとや、独身のひとにも、意味がある。受益者負担にするのは、適当でない。政策の優先順位は、高いと思います。

物品税／所得税／消費税

税の使い道も大事ですが、税の集め方も大事です。

税には、いろいろあります。「公平」で「簡素」な税制が、よい税制だと言われます。明治時代は、集めるのが簡単な、関税や物品税が主流でした。タバコにも税金がかけられました。「取りやすいところから取る」という考え方です。

現在の税制では、所得税や法人税が、柱のひとつです。所得に課税するのは難しかったのが、二〇世紀になって可能になりました。所得の多いひとは税率が高くなる、累進税率が採り入れられています。給与所得は把捉しやすいのに比べて、個人事業者の所得は把捉しにくいといった問題があります。法人税も、経費を膨らませて赤字にし、課税を逃れるケースが多いので、不公正になりやすい税です。

所得税は、支払う能力に応じて、税を負担する、という考え方の税です。

＊

物品税は、特定の商品（たとえば、酒類）に課税するので、その商品の消費が減るという性質があります。たばこ税の場合は、たばこの消費が減ったほうがよいとも言えます。けれども、物品税はかならず、市場均衡を歪めてしまうことがわかっているので、問題がある税です。

*

付加価値税（一般消費税ともいう）は、市場均衡を歪《ゆが》めないように、まんべんなく均等に課税するという点で、のぞましい税であることがわかっています。所得にくらべて消費は隠すのがむずかしいので、公平なのもよい点です。

このように消費税は、政府が税金をとっても市場に影響が及ばないように、考えられた税です。政府と市場が無関係であるべきだという考え方が、消費税の基本になっています。

機会の平等／結果の平等

市場は、自由です。そして、不平等や格差をうみ出します。

このことに対して、政治は、どのような態度をとるべきでしょうか。

機会の平等と、結果の平等。大きく分けて、この二つの考え方があります。

*

「機会の平等」とは、人びとが市場に参加するのに、同じスタートラインに立つべきだ、という考え方です。あとは本人の努力や運で、さまざまな結果がうまれる。不平等や格差も生じるかもしれない。それが市場であり、この社会というものなので、政府は特に介入しなくてよい、と考えます。

機会の平等は、誰にでもチャンスが開かれていることを、重視します。チャンスは、夢と言ってもよい。実現するとは限りませんが、誰にも道が開かれていることが大切です。

では、政治は何をするか。

まず、税金を使って、教育を充実させます。初等・中等教育をすべての人びとに提供し、能力と意欲に応じて、高等教育も受けられるようにします。

つぎに、労働市場が公正で、誰にも開かれていることが大切です。転職や中途採用が不利にならないようにし、失業した場合は訓練を受けて、再就職できるようにします。離婚したり子どもがいたり老親を介護していたりしても、働く機会を奪われないように配慮します。

公的医療保険を整備して、病気や怪我《けが》でも、キャリアが継続できるようにします。

相続税や贈与税を重くして、親世代の所得が子の世代に反映しすぎないようにします。

これらはみな、市場を信頼し、誰もがそこで、十分に力を発揮できるための政策です。

＊

「結果の平等」とは、人びとが市場の競争の結果、幸福を奪われてしまうことがないように、補償すべきであるという考えです。

市場では、かりに機会が平等であっても、結果は不平等になります。努力は報われると限らず、不合理で、目にあまる格差がうまれ、多くの社会的弱者がうまれます。その人びとに手を差しのべ、市場の欠陥を補うべきだ、とするのが、結果の平等の考え方です。

では、政治は何をするか。

恵まれた富裕層、利益をあげている企業、利子所得などに、重点的に課税します。さまざまな理由で生活に困窮する人びとを支援する、ソーシャル・セフティー・ネットを用意します。

生活保護や、障害者年金や、健康保険を充実します。誰でも十分な額の年金を受け取れるようにし、高齢者の介護施設も用意します。

これらは、市場が信頼できず、多くの不幸が生まれるので、それを手当てしようとする政策です。

再配分政策

いわゆる「所得再配分」などの政策は、市場のなかの格差を是正する政策です。政府が、権力をつかって市場に介入し、高所得の人びとに課税して、恵まれない人びとのために支出します。

政府が市場に介入し、資源を「正しく」再配分しようとするのは、社会主義政策です。

＊

具体的には、どうするか。

所得税の、累進課税。高額所得者の税率を、五〇%、六〇%などとします。ほとんど罰金のようです。

資産課税。不動産などの資産に、高率で課税します。

法人税も、高めにします。

これらを財源に、公的サーヴィスを拡充したり、費用を安くしたりします。さまざまな手当てを支給します。生活保護や所得保障を充実させます。

＊

アメリカには伝統的に、保守主義者がいて、こうした政策に嫌悪感を示します。税金は、泥棒である。自分の所得は自分のものである。福祉は、政府がやらなくても自分たちが財団をつくって自発的にやる。所得再配分など余計なお世話だ。

新自由主義

市場メカニズムを信頼し、政府の介入を排除するのが、「新自由主義」です。福祉の行き過ぎには、市場の活力を損なうとして、反対します。

では、どんな政策をとるか。

法人税率、所得税率を低くします。特に、高額所得者の税率を下げます。企業や金持ちが税金逃れのため、海外に資産を移すのをとどめる効果があるとされます。

福祉の予算を減らします。

企業が活力を取り戻し、経済活動が活発になって、失業率も減るので、労働者にも利益が及ぶ、という理屈です。

冷戦が終わるころから、先進国は新興工業国に追い上げられ、競争力を失って余裕がなくなりました。そこで、資本を外国に移し、福祉をカットし、労働者を切り捨てるなど、生き残りをはかりました。新自由主義は、そうした時代を背景にしています。

リベラリズムとリバタリアニズム

新自由主義が反対したのは、それまでの、福祉重視のやり方でした。税金を使って、公共サーヴィスを充実し、弱者に優しく、公平で平等な社会をめざします。労働組合や知識層、中産階級を支持基盤にしています。政策としては社会民主主義ですが、リベラリズムと呼ばれていました。

リベラリズムはもともと、「自由主義」の意味で、市場の自由（政府からの独立）や、政治的自由（政治参加）を掲げる思想をいいました。近代の、本流です。それが、二度の世界大戦や恐慌のあと、失業者を救済し、弱者を守るために、政府はできるだけのことをするべきだ、という考えをさすように変わってきたのです。新自由主義は、こうしたリベラリズムに反対し、もとの自由主義に戻るべきだ、と主張します。

古典的な自由主義と、二〇世紀のリベラリズム（リベラル）は、混乱しやすいので、注意しましょう。

*

もうひとつ、最近唱えられるようになった極端な政治思想に、リバタリアニズム（自由至上主義）があります。

リバタリアニズムは、政府の活動をとにかく最小限におさえ、税金もなるべく取らず、人びとの自由を最大限に尊重すべきだ、と主張します。リバタリアンは、決して一枚岩ではないのですが、たとえば、売春や麻薬は、本人の問題で他人に迷惑をかけないのだから、合法化すべきだ、と主張したりします。政府の活動で民間でもできるものはどしどし民営化し、たとえば刑務所を民営化すべきだと主張します。

わが国に、リバタリアニズムは根付いていません。しかし、民営化の考え方は、それなりに影響力がありました。政府が事業を行なうと、独占なので、効率が悪くなります。税金の無駄遣いです。そこで、国鉄を分割民営化したり、電電公社を民営化したりしました。自治体の仕事を第三セクターが代行したり、図書館を民間企業が運営したりする例もあります。政府の仕事にも、効率が求められます。

政治的立場の見取り図

さて、いままで、さまざまな政治的立場について、みてきました。ここで、それらの関係を、整理してみましょう。

＊

さまざまな政治的立場、原則、考え方を分ける規準は、市場です。それは、近代社会の中心が、市場だからです。市場メカニズムを、どう考えるか。これによって、政治的立場が分かれます。

最初の対立は、そもそも、市場（資本主義経済）を否定するのか、それとも、それを認めるのか。否定すれば、マルクス主義。否定しなければ、（広い意味での）自由主義、になります。

細かなことを言えば、マルクス主義のほかにも、市場を否定する共産主義の思想はあります。たとえば、フーリエ主義。共産主義でなくても、市場を否定する考えはあります。

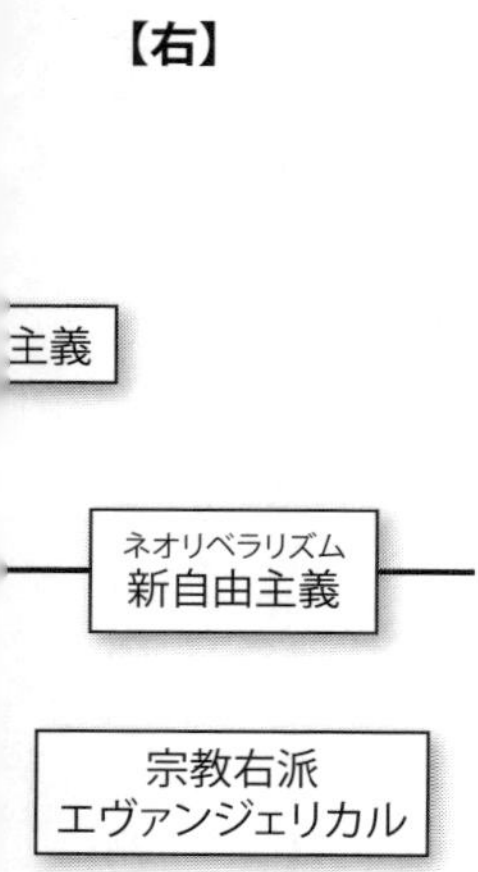

たとえば、無政府主義や、組合主義（サンジカリズム）。けれどもこれらは、思想史の教科書の片隅に出てくるだけなので、名前を知っていれば十分です。

＊

つぎの対立は、市場メカニズムを信頼するのか、それとも、不完全であると考えるのか。言い換えれば、市場に、政治が介入しないほうがいいのか、介入すべきなのか。

政府は市場に介入すべきでない、と考えるのが、（狭い意味での）自由主義。介入すべきだ、と考えるのが、（広い意味での）社会主義、です。

自由主義はさらに、そもそも政府は活動を極小にすべきだ、と考えるリバタリアニズム、市場にはどんな規制や介入も無用であるとする市場原理主義、市場に政府が、人為的な介入を行なうのはよくないとする保守主義、などに分かれます。

（広い意味での）社会主義は、政府がどんな介入を行なうべきかによって、立場が分かれます。主なものを順にあげると、政府は財政政策によって、景気回復に責任をもつべきだとするケインズ主義。政府は独占禁止法や労働組合の保護や環境保護や社会

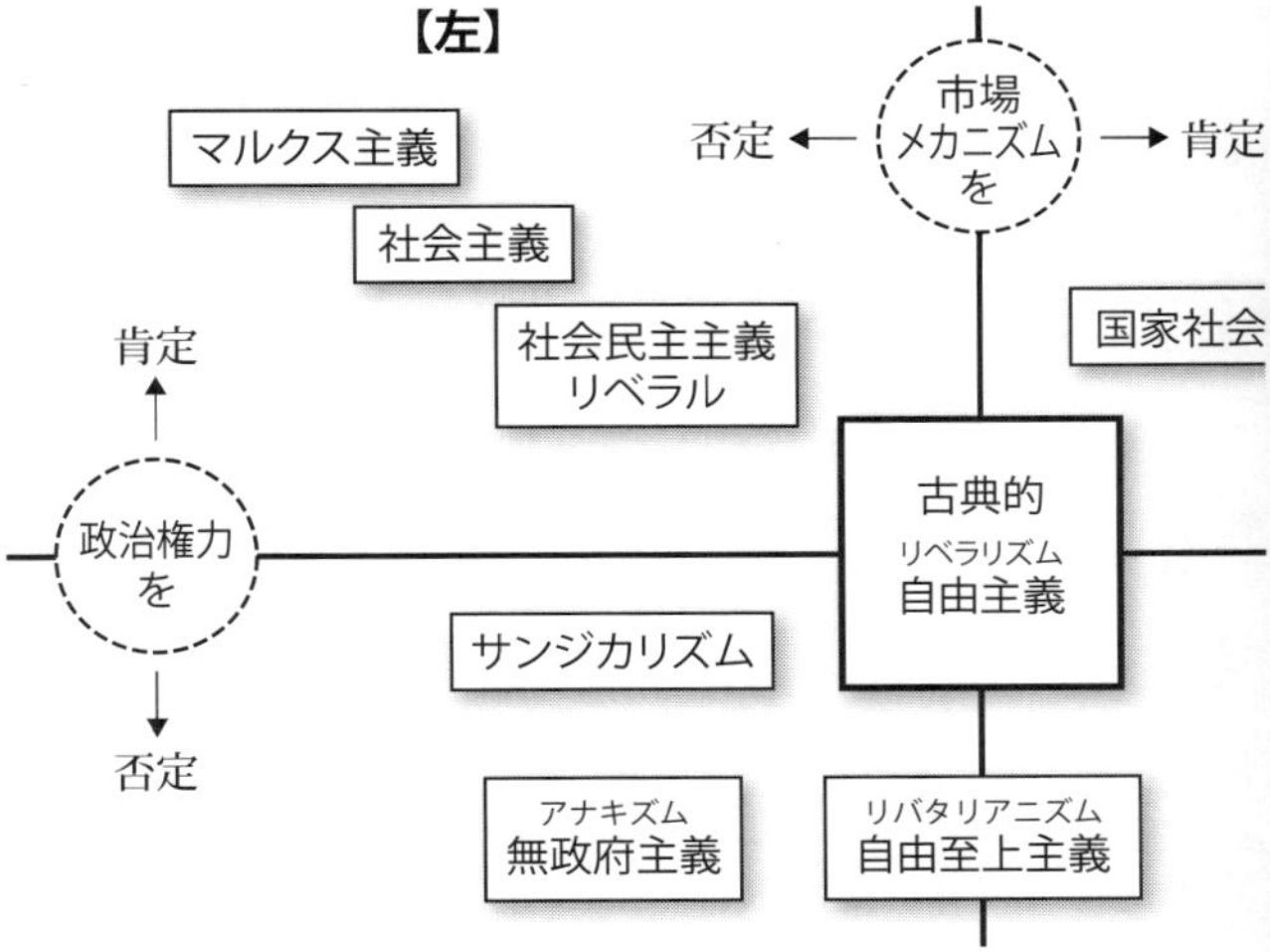

福祉や教育の充実や豊かな人びとへの課税によって、市場を健全に保つべきだという社会民主主義、市場の失敗や大企業の横暴を抑えるために主要な企業を国営化し市場の規制を強化し課税を強化し所得を再配分し、平等で公正な社会を実現すべきだとする社会主義、のようです。

＊

以上を、わかりやすく図で示すと、上のようになります。

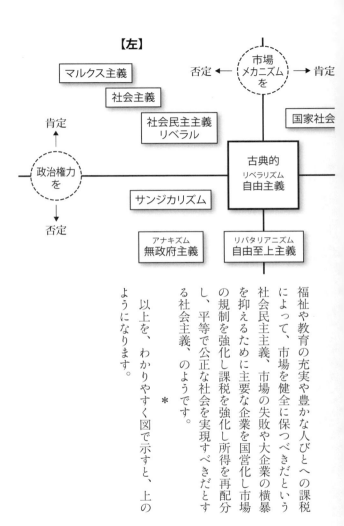

第3講

政府

政府とは何か

政府は、税金を集め、政治を行なう、組織です。

近代社会ではふつう、立法府（議会）、行政府（狭い意味の、政府）、司法府（裁判所）、に分かれています。

＊

政府と国民を合わせたものを、「国家」といいます。

国家は、何かと言えば、団体です。日本人が集まった団体が、日本国。アメリカ人が集まった団体が、アメリカ合衆国、です。日本人は、日本国ができる前から日本人だった気がするかもしれませんが、アメリカ合衆国ができる前に、アメリカ人という人びとがいたのかは微妙です。つまり、国民がいて国家をつくる、のか、国家ができたので国民になる、のか、ニワトリと卵のようで、両方の側面があります。

ともかく、△△人という人びとがいて、自分たちの政府をもち、△△国を名のっている。領土があって、国民がいて、国家は主権をもっている。主権とは、ほかの国やどこかの誰かに指図されないで、最終決定をくだす権限のことです。

＊

政府は、このように、政治を行なう権限（権力）をもっています。政府になぜ、政治を行なう権限があるのか。それを説明するのが、「社会契約説」です。社会契約説は、政治学の基礎になる重要な考え方で、政治哲学そのものでもあるので、詳しく説明する必要があります。

ホッブズの『リヴァイアサン』

近代的な政治学の始まりは、トマス・ホッブズ（Thomas Hobbes 1588-1679）です。ホッブズは『リヴァイアサン』を著して、社会契約説を唱えました。

ホッブズの主張は、とても有名です。人間はみな平等に造られていて、自然権をもっている。自然権は、自分の生命や安全を守り、幸福を追求する権利です。でもその結果、どうなるかというと、収拾のつかない争いが起きる。ホッブズは、「万人の万人に対する戦争」といいました。（戦争とは、当時の英語の言い方では、個人間の暴力のこともいいます。）誰ひとり、安心して生きていくことのできない困った状態が、自然状態です。

人間は賢明なので、理性を働かせ、この自然状態を克服しようとします。そこで、契約を結びます。めいめいが自然権の一部を断念して、それを提供し、巨大な人造権力（リヴァイアサン）を拵《こしら》えようではないか。そして、その権力（政府）のもとで、法律に従い、秩序を樹立し、社会を組織しようではないか。――この、社会を最初に成立させた契約を、社会契約といいます。

＊

社会契約は、聖書にのべてあるさまざまな契約を参考にして、ホッブズが世界で最初に考案したアイデアです。

社会契約説は、いろいろな側面から理解できます。

まずおさえておきたいのは、社会契約説は、政府の権力は、暴力から生まれるのではないと考えていることです。

自然状態は、暴力が支配する世界です。誰もが自分の権利を主張し、自分の生命と安全を守ろうと、必死になります。限られた資源を取り合い、毎日が戦いです。

暴力が支配するのなら、いちばん暴力的な誰かが、人びとを支配するのではないでしょうか。しかしホッブズは言います。人間はおおよそ等しく造られている。もっとも弱いものでも、共謀して、あるいはいちばん強いものが寝ている間に、殺害することができないほど、力がないわけではない。個人の暴力（だけ）から、人びとを支配する権力は生まれないのである、と。

暴力から権力は生まれない。契約から権力が生まれる。これが、ホッブズの社会契約説の重要な主張です。

契約からうまれる権力は正しい

契約とは、合意のことです。契約から権力がうまれるとは、合意から権力がうまれると考えることです。

さて、市場は、人びとの契約によって成り立っているのでした。契約は、市場の中心になる考え方です。ということは、社会契約説は、政治も、市場（経済）と同じロジックで成り立っている、と考える考え方になります。

この考え方は、とても近代的です。これはとても大事な点なので、もう少し掘り下げてみましょう。

＊

伝統社会では、さまざまな人びとが権力を握っていました。国王。貴族。封建領主。聖職者。法学者。武士。……。人びとは、彼らが権力をもっているのは当然だと受け止めて、それに従っていました。

そこに市民と呼ばれる人びとが登場します。市民は最初、都市に住んでいました。都市は封建領主の権力の及ばない、自治を認められていました。市民は、貿易に従事し、富と社会的実力を蓄え、それを守ろうとします。自分たちはなぜ、国王や封建領主の権力に従わなければいけないのか。同意した覚えもないのに。商業に従事する市民は、合意（契約）を重視します。そこで、政治権力も、合意にもとづくべきではないかと思うのです。

＊

合意とはなにか。契約とはなにか。

それは、自分の意志です。

人間は自由である。自由は、なにものにも縛られない。ただ縛られるのは、自分の意志である。自分が自由に、こう約束する、と決めて、将来の自分を拘束する。そのことで、自分の自由がかえって拡大する。自由のための、自由の制限。それが、契約です。

契約から権力が生まれる、とは、人びとの自由から権力が生まれる、という主張です。契約にもとづかない権力は、ただ自由を否定するだけなので、正しくない。契約から生まれた権力は、その正体は自由なので、人びとの自由を制限する資格があり、自由を制限しても正しい。

社会契約説は、このような考え方です。とても近代的で、一貫した考え方なのです。

＊

なお、参考のためにのべておけば、イスラム世界では、契約によって政府をつくりだす、という考え方がありません。政府は、主権（意志）をもつ団体で、法人です。神アラーは、人間を造ったが、法人は造らなかった。法人が存在するのは正しくない。そもそも『クルアーン』（コーラン）は、神アラーと人間との契約である。この契約は、人間のとり結ぶ社会契約にまさる。こういう理由で、社会契約説は、イスラムになじまないのです。

　イスラム世界の民主化が進まないのには、こういう背景があります。

*

　伝統社会の権力は、実際問題として、合意（契約）にもとづいていません。でも、聖書には、古い時代の権力は、契約にもとづいていた、という記事があります（たとえば、ダビデ王は、族長たちと契約を結んで王となった）。そこで、人びとが神に造られたその昔の自然状態のときに、契約を結んだ、というストーリーを考え出したのです。

　そんなストーリーは、フィクション（つくり話）ではないか。フィクションです。フィクションであっても、人びとが、それが正しいと思えば、政治的な効果をもちます。そして、市民階級の人びとは、それが正しいと思ったのです。

社会契約から憲法へ

　ホッブズの社会契約説は、ロック、ルソーに受け継がれて、時代の主流の思想になりました。ロック、ルソーの考えは、ホッブズと違う点があります。けれども、政治権力は契約にもとづいて成立する、と考える大枠のところは一致しています。

＊

社会契約の考え方は、やがて、憲法の考え方に発展します。

社会契約説は、フィクションです。でも、社会契約が正しいと考えるなら、社会契約にもとづかない、伝統社会の権力を批判できます。啓蒙思想は、人間の理性が説明できない非合理なものごとを批判しました。社会契約説にもとづいて、伝統社会の権力にも批判の目を向けました。

批判はともかく、市民たちが自由に政治権力を樹立する場合は、どうしたらよいか。

そういう状況が生まれたのが、アメリカ大陸です。アメリカには、ヨーロッパで抑圧された人びとが自由を求めて、移民していました。彼らがいろいろな事情で、本国から自立し、自分たちの政府をつくろうということになりました。アメリカ合衆国です。そこで人びとは集まって、独立を宣言し、「憲法」を起草します。これが世界で最初の、成文憲法です。

＊

植民地だったアメリカが、イギリスと戦争し、憲法を掲げて独立したことは、世界に衝撃を与えました。それからほどなく、フランスで大革命が勃発し、フランス共和国が成立しました。そして制定されたフランス共和国憲法は、世界で二番目の成文憲法です。

市民が実力で新国家を樹立した場合に、憲法を制定するのは、以後、決まり事のようになりました。また、君主が憲法を定めて、みずから立憲君主制に移行するのも、よくあるパターンになりました。明治の帝国憲法は、後者のパターンです。

＊

社会契約は、人びとが大昔に契約を結びました、という空想のストーリーです。それに対して、憲法は、実際に人びとが集まって、条文を起草したり、憲法であると宣言したりする具体的な出来事です。空想ではなく、現実の政治なのです。

憲法の制定は、社会契約説を、ただの学説にとどめず、それに沿って本当に政府を樹立してしまう、具体化の試みだと言えます。

つまり、憲法のもとで政治を行なう人びとは、社会契約説のロジックに従う人びとであると言ってよいのです。

憲法はどういう契約か

では、憲法はどういう契約でしょうか。

憲法を制定するのは、誰か。自分たちの政府をつくろうと決意した人びと、です。この人びとを、「憲法制定権力」といいます。(国民と言ってもよいのですが、まだ国(政府)はないので、国民もない。そこで、こんな奇妙な言い方をします。)

憲法の宛て先は、誰か。彼らによってつくられた政府、です。具体的には、その政府ではたらく政府職員です。

憲法は、言うならば、メッセージです。「私たちは、△△国をつくることにしました。ついては、これこれのことは守ってください。△△国の政府職員の皆さんへ。△△国をつくることにした人民一同より。」こういう、人民から政府にあてた手紙、あるいは命令書、つまり契約、です。

ならば、憲法を守るのは誰か。その国の政府(の職員)です。憲法を守らせるのは誰か。その国の人民です。人民は、政府が憲法を守るかどうか、監視していればよく、自分たちは憲法を守る必要がありません。そもそも、憲法を守ることも、憲法に違反することも、できないのです。

*

では憲法には、なにが書いてあるのでしょう。

まず、人民の権利(人権)のリスト。生命安全の権利。所有権。幸福追求権。思想信条の自由。信仰の自由。集会結社の自由。表現の自由。居住の自由。職業選択の自由。などなど。これらは、政府ができる前から人びとにそなわっていたもので、政府がこれらを奪うことはできません。

つぎに。政府をどう組織するか。議会や行政府や裁判所を組織することやその権限、などを決めます。ふつうは、三権分立といって、権力が一箇所に集中しないようにします。ほかには、憲法改正の手続き、納税や兵役の義務、そのほかについてのべます。

権限を、授権する

政府は、なぜ、さまざまな権限をもつのでしょうか。

それは、憲法によって、人民が、政府に権限を授権したからです。

授権。もともと誰かのものであった権限を、ほかの誰かに委譲することをいいます。どういう権限を、誰に委譲するのか、しっかり憲法に書きとめておきます。そもそも憲法がなければ、政府そのものが存在できません。

＊

そこで、政府について、つぎの重要な原則が成り立ちます。

〈原則〉政府とその職員は、「なになにができる」と明瞭に決められていない限り、行為することができない。

「明瞭に決められている」とは、憲法か、それにもとづく法律か、それにもとづく下位の規定かに、文章ではっきり書いてあることをいいます。

つまり、政府とその職員は、「できる」と書いてあること以外、できないのです。

＊

このことは、一般の人びと（人民）の場合とくらべると、対照的です。

一般の人びとは、「できない」と決まっていること以外、なんでもできます。

できないことを決めているのは、「刑法」です。刑法という名前の法律のほかにも、爆発物取り締まり法など、罰則の定めのある法律が多くあるので、それらもまとめて、広義の「刑法」と考えます。刑法（広義）にふれる行為は、犯罪で、処罰されます。

民法などにも、できること／できないこと、が決められています。でも、ほんとうにできないわけではありません。「三親等以内の親族と結婚できない」（民法第七三四条）。では結婚のような状態になってしまったらどうなるかと言うと、処罰はされません。民法は、刑法ではないからです。「できない」とは、第三者に対して結婚の効力を主張できない、裁判所でも結婚としての保護を与えない、という意味です。（近親婚は、社会的非難をあびると思いますが、それは、法律の問題ではありません。少なくとも日本の場合。）

まとめると、つぎのようになります。

〈原則〉一般の人びと（人間）は、「できない」と決められていること以外、なんでも行為することができる。

一般の人びとが、原則として「なんでもできる」のはなぜか。それは、政府があろうとなかろうと、人間にはもともと、自由に行動する権利がそなわっているからです。あとからできた政府が、法律をつくって、その権利を制約します。そのため、この原則がみえにくくなっていますが、人間は本来、自由であることを忘れてはなりません。これが政治の基本だからです。

*

人間がもともと持っていた権利でも、政府に委譲してしまった権利は、行使できなくなります。たとえば、正義を暴力で主張する「自力救済」とか、税金を払わず財産を手元に置いておく権利とか。

けれども、委譲した権利は、もともとはやっぱり自分の権利ですから、それが正しく行使されているか、ひき続き監視します。そして、国会議員の選挙や最高裁の裁判官の国民審査の機会に、自分の意思を表示します。

＊

話をもとに戻せば、政府とその職員は、憲法や法令で授権されたこと以外、行為できません。

強いて例外を探すと、まず、軍です。軍は、相手国の軍と戦うので、いちいち国内の法令に従っていられません。そこで、戦争に必要なら、「禁じられていること以外」、行為できるという国際法の原則があります。「禁じられている」とは、戦時国際法などによって禁じられている、という意味です。

ほかには、緊急時に、政府とその職員が、一般の人びとを救うため、「必要な行為」を行なうケースが考えられます。事前の権限の委譲がなくても、あたなもあったかのように考えるのです。これを、「国家緊急権」といいます。興味のあるかたは、私の『国家緊急権』（二〇一四年、NHK出版）をみて下さい。

憲法がほかの法律と違う点が、いくつかあります。

第一に、宛て先が違います。ふつうの法律は、立法者から、国民の全部または一部に宛てるものです。いっぽう憲法は、人民から、政府とその職員に宛てるものでした。

第二に、読み方が違います。ふつうの法律は、条文を「文字通りに」読むことが大事です。たまに、条文があいまいで、困る場合があります。そんな場合は、「立法の趣旨」(国会で法案を審議した際のやりとり)を参照することもあります。

それに対して憲法は、条文も大事ですが、その背後に隠れた「精神」がもっと大事です。憲法は、ある国を、政府を、こうつくろうという思想の表現です。その思想を摑まなければ、憲法を読んだことになりません。政府職員が、憲法の精神に即して「正しく」行動することもできないし、政府が憲法に従って行動しているか、一般の人びとが監視することもできません。

内閣法制局(憲法と法律案の関係などを下調べする政府の役所)がこう言っていますよ、とみんなで安心するようでは困ります。憲法によれば、憲法の「解釈権」は、最高裁判所にあります。

とは言え、最高裁は、裁判も起きないのに、しょっちゅう憲法判断をしてくれません。ほんとうの意味で、憲法を理解し解釈する権限があるのは、役所の役人ではなく、一般の人びとです。なぜなら、いまの憲法が不都合なら、憲法を改正する権限だってあるのですから。

政府機関の構成

憲法は、政府をどのように構成するのか、定めるのがふつうです。

その基本は、立法のための機関（議会）と、行政のための機関（行政府）とを、分離することです。

ほかに裁判所は、専門性が高く、政治的にも中立であるべきなので、議会や行政府から独立するようにします。

これで、立法／行政／司法、の三権分立になります。このように権力を分割し、相互に監視させるのがよさそうだと、モンテスキューが言ってから、世界中の憲法は、おおむねこの方式を採用しています。

裁判所はあまり、政治的役割を果たさないので、議会と行政府の関係に、焦点をしぼって考えて行くのがよいと思います。

大統領制と議院内閣制

議会のつくり方は、どの国も、大きな違いがありません。選挙区をつくり、有権者が投票し、議会に代表を送ります。議会がひとつだけの「一院制」、ふたつある「二院制」の違いがある程度です。

＊

行政府のつくり方は、大きくふた通りあります。一般の人びとの選挙によって、行政府の長（大統領）を選ぶ、大統領制。議会での選挙によって、行政府の長（首相）を選ぶ、議院内閣制。アメリカは、大統領制、イギリスや日本は、議院内閣制をとっています。

このほか国によっては、議院内閣制の首相のほかに、名目的な役割をこなす大統領を置いたり、大統領にあたる実力者が、実務を担当する首相を置いたりするやり方もあります。帝国憲法下の日本は、議院内閣制ではなく、首相は天皇から任命されました。議会第一党の党首が首相になれば、議院内閣制と似てきますが、そうでないこともありました。

＊

大統領制と議院内閣制で異なるのは、行政府と議会の関係です。

大統領制では、一般の人びとが大統領を選びます。大統領選挙ではふつう、有力政党の公認をえた候補が、大統領の座を争います。議会で多数を占める政党の候補が、当選するとは限りません。大統領が共和党で、議会は民主党が多数、などといったケースが起こります。その場合、行政府と議会の関係がぎくしゃくし、うまく協力するのに苦労します。

これがかえってよい、という考え方も成り立ちます。

そもそも行政府と議会は、ある意味互いに対立し、チェックし合うはずでした。なぜそのチェックがはたらくかと言うと、つぎの原則があるからです。

〔原則〕ある役職に選出されたものは、その選出母体に対して責任を負う。

それはなぜか。「選出する」とは、ある権限を行使するように、権限を委譲することだから。もともとその権限は、選出母体にあったわけなので、選出母体は選出したあとも、そのものを監視する。選出されたものは、選出母体に対して責任を負う、からです。

そこで、大統領は、一般の人びとから選出されたので、一般の人びとに対して責任を負います。ということは、議会に対して責任を負いません。議会によって選出されたのではないから、です。（もちろん、大統領は、議会に対してさまざまに責任を負いますが、それは、憲法の定めるところによります。）

＊

それに対して、首相は、議会から選出されたので、議会に対して責任を負います。ということは、一般の人びとに対して、責任を（直接には）負いません。（議会のメンバーは一般の人びとに選ばれているので、間接には、つまり実質的には、責任を負っていることにはなります。）

議院内閣制ではこのように、議会（の多数党）と行政府（内閣）とが、一体化する傾向があります。「政府与党」というぐらいで、立場が同じでうまく意思疎通がはかられるのはよいのですが、それがむしろ、行政府と議会の健全な相互チェック機能を弱め、政治の活力を損なってしまう側面があります。

大統領制と、議院内閣制には、このように一長一短があります。それぞれの制度の特徴をよく理解して、制度を運用する必要があります。

＊

議員内閣制では、首相は、議会にひんぱんに出入りします。首相は、国会に議席をもっているのですから、当然です。

それに対してアメリカでは、大統領は原則として、議会に立ち入りません。年に一回、一般教書を議会に報告するだけです。大統領と議会の距離を、ことさら強調する意図がみてとれます。

内閣と省庁

行政府の長（大統領や首相）は、ひとりでは業務が果たせないので、行政幹部（長官や大臣）を選んで、各省庁を指揮監督させます。これら行政幹部の会合を、内閣といいます。

＊

省庁は、政府の業務を執行するための組織です。職務や権限に応じて、縦《たて》割りになっています。多くは、常勤の職員によって占められ、専門性の高い仕事です。

省庁は、法令にもとづいて仕事をします。その法令を、行政府（省庁）は、「自分でつくることができない」のが、議会制民主主義の特徴です。行政府を監督するため、法律を、議会がつくることになっています。

法律を補足するための政令や省令などを、行政府が定める場合もあります。それらは、施行細則のような、法律としての性格をもたないものであることが原則です。日本の省庁は、法律の大部分を政府提案し、自分で起草するうえ、議会を経由しない省令や通達に法律と同様の効果を持たせようとするので、問題です。

＊

常勤の職員によらない組織が、軍（特に、陸軍）です。

戦争の勝敗は、兵員の数に左右されるので、ナポレオン戦争このかた、徴兵によって多くの一般人を兵員として動員し、軍を編制するのがふつうになりました。

平時は、将校や下士官など、常勤の軍人が中心です。戦時になると、徴兵であれ志願兵であれ、新しく多くの兵員が加わり、組織が膨れ上がります。これらの兵員は、24時間職務につくものの定員外の、非常勤職員です。それでも、政府職員ですから、法令に従い、戦時国際法にも従う義務があります。

忠誠の対象

政府職員は、人民に負託された職務に従事し、権限を行使するのですから、高い服務規律を課せられます。

法令に従うのはもちろんです。ではその、服務規律を裏づける、忠誠の対象はなんでしょうか。

それは、憲法です。政府職員は、憲法に対して、忠誠を誓います。

＊

当たり前のようです。でもそれは、上司、つまり大統領や首相（特定の人物）に対して、忠誠を誓うのではないという意味なのです。この点に注意しましょう。

アメリカの大統領制では、共和党支持の職員が民主党の大統領に仕えたり、民主党支持の職員が共和党の大統領に仕えたり、ということが日常的に起こります。自分の政治的信念によって、政府の職務を遂行する態度や熱心さに、違いがあってはならないのです。

昔、ニクソン大統領が弾劾されそうになったとき、警備の軍人に記者が、こんな大統領に対してちゃんと警備ができるのか、と聞きました。答えは、自分は大統領個人ではなく、大統領の「職務（オフィス）」に対して服務しているのだから、そんなことは関係ない、でした。満点の回答というべきです。

法律を尊重する

政府職員は、法律に従います。法律は、議会が制定したもので、それに従うのが憲法の定めだからです。

一般の人びとも、法律に従います。法律は、自分たちが選出した議員からなる議会が制定したもので、つまりは自分がそれに従うことを同意したものだからです。

こうして、すべての人びとが等しく、例外なく、法律に従います。これが「法の支配」といわれるものです。

＊

法律に従う。

これは政府職員も一般の人びとも、法律に反することはできない、でも、一般の人びとの場合、法律に反しさえしなければ、なにをやっても自由だ、ということです。この強烈な意識が、法の支配を裏打ちしているのです。だれもまだやっていないから、と遠慮したり、こういうことをすると、あのひとが困るだろうと忖度したり、しないのです。

＊

日本の組織には、「空気」というものがあって、それがその場を支配し、自由に発言したり行動したりできないといいます。「空気の支配」は、「法の支配」とまた大変ちがった組織文化です。（「空気」について興味のある方は、山本七平『「空気」の研究』文春文庫、をまず読んでみて下さい。）

民主主義

「法の支配」の、もうひとつの看板は、「民主主義」です。

民主主義とは、何か。定義しようとすると、案外むずかしい。そこで、その反対概念からみていきましょう。

＊

民主主義の反対は、独裁です。

独裁は、政治的な意思決定を、誰かひとりが行なうこと。すべての権限が、その人物に集中します。歴史的には、ナチスドイツのヒトラー総統とか、ソ連のスターリンとか、北朝鮮の金正恩党中央軍事委員会委員長とか、いくつも実例があります。

独裁者は、法律を超えます。独裁者の命令が、法律になります。独裁者は、憲法に縛られません。独裁者は、憲法を自由に変えることができます。独裁者は、ほかの誰にも命令できるが、ほかの誰かに命令されることがありません。独裁者は絶対の権力をもっています。

けれども、独裁は不安定です。独裁者は、すべてを決定するので、その結果なにか問題が起これば、独裁者の責任になります。でも、誰も表立って、独裁者の責任を追及することができません。唯一可能な方法は、独裁者を暗殺することです。独裁者はつねに、暗殺の危険と背中合わせです。また、独裁者はいずれ死にます。独裁を継承する方法を明示できないのも、独裁の問題点です。（もしも継承をルール化すれば、独裁者はルールに縛られることになって、独裁者と言いにくくなってしまいます。）そこで、独裁がつぎの独裁に移行するとしても、その移行のプロセスは、とても不安定になります。

*

独裁者がもしも、非常に有能で、部下を使いこなすことができる場合には、独裁はとても効率的です。独裁者がこうと決めれば、反対は不可能だからです。

それに対して、民主主義は、とても時間がかかり、非効率です。なぜならば、誰もが政治的主張をもっていて、意見を言うからです。それをひと通り聞いて、討論し、歩み寄り、採決して、結論にたどりつくのに、とても手間がかかります。しかも、結論は妥協の産物なので、一貫せず、最善であるとも限りません。

では、民主主義はどこがいいのか。

誰もが自由に発言し、誰もが政治に参加し、誰もが尊重され、法と手続きに従って意思決定する点です。そこには、独裁者はいません。暴力の代わりに言論があり、言論を戦わせて多数派を形成します。最後は、投票し、多数決で決定します。多数決で決定するのが、民主主義のルールです。

民主主義は、たとえ時間がかかり、愚かな決定をするとしても、自分がこれを決めたのだと、誰もが考えることができます。自分の手で政治を行なう。これが、民主主義の、もっとも大事な点です。

なぜ多数決なのか

民主主義はなぜ、多数決によるのでしょうか。

それは、独裁（一人による決定）より、ましだからです。少数決（一部の人びとによる決定）より、ましだからです。

そして、全員一致による決定よりも、ましだからです。

＊

全員一致と多数決は、ときどき混同するひとがいますが、とても違った考え方なので、説明しておきましょう。

全員一致は、誰かひとりでも反対するひとがいると、ものごとが決まらない、という決定の方法です。つまり、一人ひとりが、拒否権をもっていることになります。拒否権は、大きな権限です。人びとは考えがばらばらなものなので、たいていのことは決まらなくなるはずです。そこで、かえって、とても大きな同調圧力がはたらきます。みんなが賛成しているのに、自分ひとりだけ反対するのは困難です。そこで誰もが、自分の意見をはっきり言わないまま、全員賛成だからね、とものごとが決まるやり方になります。

つまり、全員一致は、限りなく儀式のようなものになります。そして、全員一致の採決をするまえに、どこかで誰かがこっそりものごとを決定しているはずです。

ちなみに、日本の組織でよくある会議は、反対意見がないことを確認して「では原案のように決まりました」で終わる儀式ですが、全員一致の一種です。実質的な意思決定は、会議の前の根まわしです。このやり方だと、公開の論争がなされず、決定プロセスの記録も残らず、責任もあいまいになり、意思決定の質が下がってしまいます。気をつけたいものです。

*

これに対して、多数決では、自由に反対意見をのべる権利があります。そもそも、ふたを開けてみるまで、どの提案が多数となるか、わかりません。

よって多数決では、討論が活発になります。どのひとの意見も尊重され、誰もみな、こちらに投票してくださいと誘われます。そして最後に、多数になったほうが、全体の決定になるのです。自分の意見が通らなかったとしても、多数決の手続きが守られているかぎり、それに従うべきで、文句を言ったりしてはいけません。

*

多数決で、少数意見は、無視されるのではありません。多数意見が正しいわけでもありません。討論のなかで、多数意見も鍛えられたのです。討論の過程は記録に残され、少数意見も書き留められます。多数意見がまちがっていたことがあとではっきりした場合、少数意見が掘り起こされます。ともかく、多数意見も少数意見も、対等の資格で論争したのです。

討論を通じて、人びとは意見を変更します。多数が少数になったり、少数が多数になったりします。意見を決めかねていたひとも、最後には意見を決めます。誰がどういう理由で、どういう意見に賛成したか、記録に残って、責任の所在が明確になります。

行政府の権限

行政府が担当する業務は、何か。

まず、軍事、外交。どちらも、専門家の仕事です。

つぎに、財務。税金を集め、予算案を編成し、資金を管理します。

さらに、法務。犯人を訴追する検察、受刑者を収容する刑務所の運営などを行ないます。

そして、教育。初等中等教育を中心に、公教育を担当します。

ついで、労働。労働者の権利保護や、職場の監督を行ないます。

あとは、福祉、運輸、環境、などなど。

これらの業務を分担するため、それぞれの省庁を組織します。

＊

議会も、これに対応する委員会を設けて、政策を審議します。

委員会審議が、議会のいちばん大事な活動です。

そこで、つぎに、議会について考えましょう。

第4講

議会

議会の起こり

民主主義に欠かせないのが、議会です。

議会を中心とした民主主義を、議会制民主主義といいます。

けれども、議会の歴史はとても古い。古代のギリシャ、ローマや、ユダヤ教の伝統にさかのぼります。

議会の歴史のうち、近代の民主主義に関わりがあるのは、ヨーロッパ中世の議会なので、その話から始めましょう。

*

中世の議会は、貴族の集まりでした。イギリスやポーランドなどに議会がありました。なぜ貴族が集まったかと言うと、王と対抗するためです。王は、貴族より実力があり、税金を集めました。貴族は、ばらばらでは、王にかなわない。そこで大勢で集まって、王に対抗したのです。団体交渉です。

議会の役目は、むやみに税金をかけませんと、王に約束させることでした。今年の税金は、いくらに決めます。この、税金の予定額のことを、予算といいます。

予算を決めるのは、議会の大事な役割です。

中世の議会はほかに、裁判所の機能ももっていました。イギリスでは、国王に死刑を宣告したりしました。

近代の議会も、大統領を弾劾したり、裁判官を弾劾したりといった、裁判の機能をまだ残しています。

＊

フランスには、三部会という名前の、身分制の議会がありました。聖職者、貴族、第三身分（市民）、の代表が集まる議会です。フランス革命の起こりかけの時期に、久しぶりに召集されて、革命の拠点のひとつになりました。

アメリカ植民地の議会

アメリカには各地に植民地がありました。その議会も、民主主義の原型です。

植民地は、イギリス国王の特許状（チャーター）によって設立されました。会社のかたちをとり、主要メンバーは議会の議員でした。（プリマス植民地に上陸したピルグリム・ファーザーズは、予定と外れた場所に上陸することになり、特許状の効力のない場所だったので、無法地帯になってはいけないと、あわててメイフラワー契約を結びました。）植民地のリーダーと議会が、協力して植民地を経営しました。
この議会は、直接民主制です。株主総会と似ています。

＊

植民地には、主にプロテスタントの各宗派の教会がつくられました。ある宗派の信徒が集まって町をつくり、教会を建て、税金で教会を運営することもよくありました。教会はミーティングハウスとよばれ、公民館をかねていました。そこで、全員参加のタウン・ミーティングを開いたのです。これも、直接民主制です。

宗派のなかでは、会衆派（コングリゲーショナリスト）が、とくに強い民主主義の伝統をもっていました。会衆派は、どの教会も互いに独立していて、牧師の選任や教会の運営など、すべてその教会の会衆が決めます。よその指図は受けません。神の前ではみな平等、だからです。教会の役職は、神に奉仕する神聖な職務で、会衆の選挙で選ばれました。

＊

やがて州ができると州議会が、連邦ができると連邦議会ができて、その議員を住民が選挙で選ぶようになります。となれば、間接民主制です。それでもアメリカでは、直接民主制の伝統（草の根民主主義）がいまでも根強く生きていて、政党の地方組織や、ティーパーティー運動などを支えています。

立法機関としての議会

中世の議会は、予算（税金の制限）を決めたり、たまには裁判をしたりしていました。身分制の議会で、議員が選挙で選ばれるわけではありません。議会が、法律をつくることもありません。

中世では、法律は「そこにある」もので、立法するものではなかったのです。

＊

近世に、絶対王政が出現します。国王が、立法行為を行なうようになります。新しく法律をつくると、それまでの慣習や伝統や、法律が否定されます。社会を変化させる、最強のツールが立法行為です。近代社会に、立法行為は不可欠のものです。

アメリカ植民地の議会は、実際に地域社会を運営するために、政治を行なわなければなりません。議会は、政治を担当する能力を蓄えていくことができました。

ちなみに、イスラム世界では、神アラーが制定した不変のイスラム法に、人びとは従うべきだと考えます。イスラム法は、神聖なものです。人間が、これに代わる法律を、立法できるという考え方がありません。よって、近代化や民主主義を進めようとしても、簡単にはできないのです。

*

そもそもキリスト教には、世俗の法律に従うことをよしとする伝統があります。この点が、イスラム教やユダヤ教とは違います。

キリスト教は最初、ローマ帝国の少数派（弱小グループ）でした。法律をつくる力がありません。異教徒のローマ皇帝に従い、ローマ帝国の法律に従っていました。新約聖書にも、それが正しい、と書いてあります。

ローマ帝国が滅ぶと、キリスト教に改宗したゲルマン人は、もとのゲルマン法に従いました。ゲルマン法も、キリスト教と関係ありません。

どうせキリスト教と関係ない、世俗の法律に従うのです。それなら、キリスト教徒が議会をつくって、世俗の法律を制定してもいいではないか。これが、立法府としての議会の考え方です。

上院と下院

イギリスはひと足先に、議会政治を進めていました。ほかの国とくらべて国王の力が弱く、貴族の力が強かったので、貴族が議会に陣取っていました。上院（貴族院）です。そのほかに、庶民の代表からなる下院があって、やがて下院が、大きな役割を果たすようになります。

＊

アメリカ合衆国をつくるとき、上院と下院のあるイギリスの議会が参考になりました。議会の力が強くなりすぎないよう、二つに分けたほうがよいとも思ったのでしょう。とは言え、アメリカには貴族がいません。そこで上院と下院は、議員を選ぶ仕組みを別々にしました。上院は、人口の多少に関係なく各州から二人ずつ。下院は、各州の人口に応じて、議員を選びます。上院は英語でセネトSenate、ローマの元老院という意味です。

議院の構成のほか、習慣も違います。上院では、上院議員一人ひとりの独立性が高く、議員個人の判断で自由に法案に投票します。そこで、議員に特定の法案への賛否の投票を働きかける、ロビイングが活発になります。そして上院が、政治的な意思決定の重要な場となります。下院では、多数党は多数党、少数党は少数党でまとまって、党の方針によって投票するのが原則になっています。

＊

日本も、帝国憲法のもと議会を開設する際、二院制を採用しました。上院を貴族院、下院を衆議院といいました。明治維新のあと、政府は、旧摂関家などの公家、旧大名の諸侯、明治維新の功労者（元勲）、を華族にしました。華族や有識者の代表からなるのが、貴族院です。衆議院の議員は、有権者の一般投票で選ばれます。

戦後、華族制は廃止になり、新憲法のもと、貴族院は参議院に衣替えしました。はじめのうち、参議院の議員は、衆議院の政党に所属しない場合が多かったのですが、そのあと次第に政党化が進み、いまでは「衆議院のコピー」と呼ばれる状態になりました。

なんでも立法できるのか

議会は、どんな法律でもつくれるのでしょうか。

理屈から言えば、主権者である人民から憲法を通じて、立法権を委譲されているので、どんな法律でもつくれます。

ただし、憲法と矛盾し、憲法に違反する法律をつくることはできません。憲法に違反しているかどうかは、議会ではなく、行政府でもなく、裁判所が判断します。

アメリカでは、議員立法が多くなっています。（これが本来の姿です。）議員は法律の専門家とは限らないので、よかれと思って、思いつきのいろいろな法律案を提出します。なかには可決されて、法律になるものもあります。こういう法律が、憲法に違反していないか、裁判所がチェックします。

アメリカには、各州にも議会があって、州ごとの法律をいろいろつくるので、これらも憲法に違反していないか、チェックします。裁判所は忙しいのです。

＊

日本では、大部分の法律案を政府が提案するので、みえみえの憲法違反が起こらないよう、内閣法制局で事前のチェックをすませます。これは、内閣の機関なので、議会を縛るものではありません。

なぜ、銃規制ができないか

アメリカでは、銃をもつ市民が多く、銃を使った犯罪や、乱射事件がしょっちゅう起こります。そのたびに、銃を規制せよという声があがりますが、ちっとも実現しません。日本人からみて、いや、世界中からみても、不思議に思えます。

これを、全米ライフル協会の悪だくみ、で片づけることはできません。

＊

銃を規制するには、銃を規制する法律を、議会で立法すればよいのです。と言うか、それ以外に銃を規制する道はありません。

ところが、憲法に違反する法律をつくることは、できないのでした。アメリカ合衆国憲法修正第二条になんと書いてあるかというと、「人民が武器を保有し、携帯する権利を、連邦政府は侵してはならない」。銃をもてる、と書いてあります。よって、銃を規制する法律が憲法違反になるのは明らかです。

修正第二条は、アメリカ合衆国ができたばかりのとき、憲法につけ加えられたもの。武装した市民が独立戦争で活躍した記憶も新しいときですから、当然の規定かもしれません。でもそれから二世紀あまりも経過して、いまでは時代と合わなくなっているのではないでしょうか。

*

アメリカになぜ、銃規制に反対する人びとが多いのか。

その理由は、アメリカの民主主義が、独裁に反対することを最優先にしているからだと、私は思います。

フランスのナポレオンも、ドイツのヒトラーも、ソ連のスターリンも、イラクのフセインも、いままた北朝鮮の金正恩も、中国の習近平も、ロシアのプーチンも、独裁者や、独裁的な権力をもった指導者が、世界秩序を混乱させ、アメリカに挑戦してきました。アメリカは自由の国です。自由に対して、また世界の正義に対して、責任があります。それにはまず、アメリカだけは、絶対に独裁国家になってはならない。民主主義でなければならない。その最後の保証は、人民の抵抗権であり、人民が銃で武装していることなのです。それが、修正第二条の思想であり、多くのアメリカ人が賛同していることなのです。自分たちがこの手で、民主主義を支える。その決意と覚悟を、多くのアメリカ人が共有しています。そのことが想像できないと、アメリカの銃規制の問題は理解できません。

予算はなぜ単年度か

議会はなにをするところか。

法律をつくる。これが、議会の第一の任務です。

つぎに、予算を決める。これが、もうひとつ大事なことです。予算は、行政府の活動に資金の裏付けを与えること。裏を返せば、行政府をコントロールする重要な手段です。

＊

予算が成立しないと、どうなるでしょう。

アメリカでは文字どおり、行政府の仕事がストップします。ガバメント・シャットダウンといいます。と言っても、軍隊や警察や大事な省庁は仕事を続けますが、自宅待機になる職員や象徴的に閉鎖する事業所も出てきます。

ガバメント・シャットダウンのニュースをみた週、国立公園をドライブしました。休憩所のトイレに鍵がかかっています。シャット・ダウンです。我慢してつぎの休憩所まで行ってみると、やはり鍵がかかっています。どうしよう。みると、旦那さんが見張っている近くの茂みから、用をすませた奥さんが出てきました。ニヤリと笑って、バック・トゥー・ザ・ネイチャーと言いました。市民は不便を理解し、我慢しているのですね。

事業所が閉鎖するのは困ります。でも、それよりも、議会が予算で行政府をコントロールするという原則のほうが、ずっと大事なのです。

＊

毎年、似たような予算を審議するのは、時間のムダではないでしょうか。五年分まとめて予算を通したほうが、能率的ではないでしょうか。

そうは行きません。少なくとも年に一回決算を確認し、予算案を審議して、行政府の行動をチェックする。この手続きを踏むことが、民主主義なのです。

＊

とは言え、何年かにまたがる、長期計画にそった事業もあります。そうした場合は、「〇〇整備何カ年計画」みたいなものをつくって、議会で審議し、その初年度、二年度、…といった具合に、予算を小分けして出します。毎年予算として出しますから、認められない場合もある、ということになります。

行政府をどうやってチェックするか

法律や予算によるほか、議会は、それ以外の方法でも、行政府をチェックします。アメリカの議会は、人事をチェックします。

大統領が閣僚など重要ポストの候補者を任命すると、上院は公聴会を開いて、候補者をよび、さまざまな質問をあびせます。それにパスすると、その人事に承認を与えます。パスしない場合には、候補者を選びなおすことになります。

日本の議会は、閣僚以下の人事をチェックする仕組みがありません。

＊

議会は、随時、行政府の職員に、説明を求めることができます。これを、国政調査権といいます。とくに重要な問題の場合は、証人として喚問する場合があります。

行政府をチェックする議会の権限は、きわめて大きいのです。重大な問題については、議会の委員会が職権をもって超党派で徹底調査し、きちんとした報告書を出すのが正しい姿です。

たとえば、オウム真理教の事件は、宗教団体が大量破壊兵器を用いて、無差別テロを実行した世界で初めての事件でした。世界中が関心をもつのは当然です。その一次資料は、日本語なので、外国の人びとは容易にアクセスできません。そこで、議会が国政調査権を行使して、検察や行政当局を聴取し、事件の詳細や背景を英語のフルレポートにまとめるべきなのです。容疑者は逮捕され裁判で刑事責任を問われました。刑事裁判は、事件のほんの一端を明らかにするだけです。議会がみずからの責任を自覚していなかったようなのは、残念です。

行政府の長をやめさせることができるか

議会と行政府は、権力の分立の原則によって、監視し牽制し合っています。牽制の最強の手段は、辞めさせることです。

＊

アメリカの議会は、大統領を原則、辞めさせることができません。大統領は、有権者の投票で選ばれているからです。（二段階の間接投票ですが、実質的には、直接投票のようなものです。）特別に事情のある場合、弾劾（裁判によって辞めさせること）ができます。下院が発議して、上院が審査します。しょっちゅうそんなことが起こっても困るので、敷居がとても高くなっています。

いっぽう、大統領も、議会を解散する（議員の議席を失わせる）ことができません。大統領が、議会に対して行使できる対抗措置は、議会が成立させた法案に拒否権を行使して、署名しないことです。(その場合でも、三分の二の多数で再可決されてしまうと、拒否権が無効になって、法案が成立します。)

＊

日本の議会は、首相を辞めさせることができます。「内閣不信任決議案」を可決すればよいのです。議会は、首相の選出母体です。ですから、不信任ができるのです。

内閣不信任案が可決されたら、首相は、内閣総辞職をするか、さもなければ、衆議院を解散します。解散は、議会の不信任に対する対抗措置です。

衆議院が解散されると、総選挙が行なわれます。選挙の結果、新しい衆議院が成立して、新しく首相を指名します。このとき、前の首相が指名されなければ、前の首相は辞めさせられたことになります。

演説のプロ

議員の任務でいちばん大事なのは、議会で発言することです。そして法律案に、賛否の投票を行なうことです。

法律案は、多様な分野におよび、専門的な内容もあります。ですから議員は、勉強が欠かせません。そして、有権者や新聞記者に、法案の賛否を質問されたら、「賛成です。なぜなら…」とか、「反対です。なぜなら…」とか、すかさず答えられなければなりません。

いつでも演説ができる。いつでも、有権者に代わって政治的見解をのべ、有権者のためによりよい政策を提案できる。とるべき政治的選択について、言葉で説明し、有権者を説得できることが、議員の任務です。このように言語を用いることができない人物は、議員として、議場にいる資格がないのです。

*

議員は、議院で発言したことの責任を、議院外で負わなくてもよいことになっています。また、不逮捕特権といって、議会の開会中は逮捕されません（日本国憲法第五〇条）。手厚い歳費や活動費も支給されます。それはなぜかと言えば、議員が議員としての活動に専念し、議員としての発言を続けていくためです。

*

言論以外に、議員の武器はありません。

どんなに複雑な内容でも、短くて簡単でわかりやすいフレーズで、その本質を言い表す。しかも、専門的な細部もよく理解している。さまざまな意見をもつ有権者の、コンセンサスをうみだす、たくみな演説をするのが議員のつとめです。

議員は演説の、プロなのです。

*

とは言え、議員はたった一人では、議会で大した働きはできません。議会では、多数決でものごとが決まるからです。

そこで議員は、考え方の似通った同志と集まり、政党をこしらえます。

政治の主役は、政党なのです。

第5講

政党

政党の起こり

政党は、はじめからあったわけではありません。

議会の制度が発達するにつれて、だんだん形成されました。

*

フランス革命のあとの国民公会では、自然発生的に、ジロンド党とジャコバン党がうまれました。

ジロンド党は、資産をもった有力市民からなるグループで、国王や貴族から権力を奪うのは結構だが、あまり革命が過激になるのは困る、と思っていました。ジャコバン党は、一般庶民を代表するグループで、妥協せずに革命の理想を追求することに燃えていました。マラー、ダントン、ロベスピエールなどの指導者が主導権を競いました。ロベスピエールは、権力を握ると恐怖政治をしき、政敵をつぎつぎギロチンにかけ、最後は自分も失脚しました。

なお、国民公会の議事堂で、穏健派が右側に、急進派が左側に、議席を占めたので、それぞれを「右翼」「左翼」と呼ぶようになったといいます。

二大政党制

　イギリスの議会政治では、一九世紀に、保守党と自由党の二大政党制が成立しました。穀物法が対立の焦点でした。保守党は、地方の農園主が支持基盤で、海外の安価な穀物の輸入に反対し、保護貿易を主張しました。自由党は、産業資本家が支持基盤で、労働者のための安価な穀物の輸入と工業製品の輸出を主張しました。穀物の輸入を規制する穀物法は、最終的に廃止されます。

　二大政党制は、権力が固定化しないための、仕組みのひとつです。二大政党制は、ほっておけば実現するものではありません。人びとが二大政党を選び取る、積極的な態度が必要になります。イギリスでは、やがて自由党が退潮しましたが、代わりに労働党が登場して、二大政党制が維持されています。

＊

　アメリカ人も、議会政治は二大政党制であるべきだと思っています。

　それは、政治権力が、特定のグループに長く握られることに対する、本能的な嫌悪感（恐怖感）にもとづきます。片方の政党が勝利すると、今度は反対の政党に支持が集まる。中間選挙では、大統領を出さなかった政党が議席をのばす傾向が定着しているのも、その表れです。

アメリカの政党は、政治家や議員のグループにとどまらず、一般の有権者市民の色分けになっています。私は民主党、私は共和党、私は独立派（インデペンデント）、と誰もが自分の政治的カラーを自認しています。そして実際に、地域の活動に参加し、献金し、投票します。こうしたかたちで政治に参加することが、義務のようになっています。

政党は任意団体

政党の重要な特徴。それは政党が、公的な機関ではなく、人びとが自由に結成した任意団体であるということです。

政党は、有権者の投票を集約して、多数派をつくりだすことを目的とします。多数派になれば、議会で、法律を制定することもできるし、行政府の長を選び出すこともできます。こういう点からみれば、公的な性格が強い。政権与党は、政府と一体であると言ってもよいほどです。

にもかかわらず、政党はあくまでも、任意団体なのです。ここに、議会制民主主義の秘密が隠れています。

＊

人びとは、それぞれ政治的要求をもっています。これを実現したい。ああいう法律を通してほしい。それらは、切実かもしれませんが、断片的です。また、めいめいの置かれている状況（若者か老人か、独身か子育て中の家族か退職世代か、男性か女性か、資産家か勤労者か農民か失業者か、……）によっても、まちまちです。

人びとは、政治的要求を実現するために、おおぜい集まって団体をつくります。人数が増えます。でも、団体のなかでは、意見の違いもうまれます。この段階では、ある特定の目的をもって集まった政治団体（シングル・イシュー・パーティー）にすぎません。

＊

本格的な政党は、議会で、多数を占めることを目標とします。議会で多数を占めれば、法律をつくることができるから。行政府を動かし、政治目的を実現することができるから、です。

議会で多数を占めるためには、さまざまな要求をもつ有権者の、多数の支持をえなければなりません。そこで、本格的な政党は、実現すべき政策のリストをつくって、人びとに約束することをします。この約束を、公約といいます。

＊

実現すべき政策の選択肢は、複数あります。公約も、複数あります。政党も、複数になります。これらは、人びとが自由に抱くアイデアです。

人びとが自由に抱くアイデアの、どれが多数の人びとの支持を集めるか、どれが政策として実現するか、事前に決まっていません。人びとのあいだの、自由な討論によって、それは決まります。自由な討論によって、決まるべきなのです。

＊

そこで、政府（国家機関）は、その自由な討論に影響を与えるべきではありません。政府の影響が少しでも及べば、それは自由な討論ではなくなってしまいます。よって、政党はあくまでも、政府（国家機関）と無関係な、任意団体でなければなりません。そのルールには、そういう意味があるのです。

財政の面でも、政党は、政府から自立しているのが望ましいのです。有権者や党員が、費用を寄付して捻出するのが原則です。日本の、政党交付金（政党助成金）の制度は、政党を準公的なものとして国家に依存させる効果があるので、まったく望ましくないと私は思います。

共産党

以上のように、議会で多数を占めることをめざす政党を、議会主義政党といいます。ふつうの政党はみな、議会主義政党です。

それに対して、議会とは無関係に、政治目的を実現しようとする政党があります。共産党が、代表的です。

＊

共産党とひと口に言っても、いろいろな流れがあるのですが、歴史的に重要なのは、モスクワを拠点に世界革命をめざして活動した、共産主義インターナショナル（世界共産党）です。マルクス・レーニン主義の政党で、暴力革命によって権力を奪取し、プロレタリア独裁をしき、共産主義社会の実現をはかるとしていました。日本共産党はその日本支部、中国共産党はその中国支部、としてスタートしています。

共産党は、議会主義政党ではなく、革命政党です。

けれども、共産党への支持をのばすために、議会主義政党と提携したり、共産党自身が議会の候補者を立てたりする場合があります。

日本共産党は、戦後しばらくして、暴力革命路線を放棄し、議会主義政党に衣替えしました。

＊

共産党のようなタイプの革命政党が、まったく姿を消してしまったかと言うと、いくつかの国ではまだおおきな力をもっています。中国の、中国共産党。中国の憲法は、中国共産党が政府を指導する、とのべています。中国共産党は、超国家的な任意団体、ということになります。北朝鮮の、朝鮮労働党。この党も、共産党とよく似た性質の党で、一党支配の体制を維持しています。

二大政党か比例代表か

政党はみな、共産党を除けば、議会でどのように活動するかの原則をもっています。政党の中心になる政策を実現しようと、活動するはずです。その政策を有権者に訴えて、議会に議席をえたのですから。

*

では、どんな政党が、どのように議会に議席を占めるべきでしょうか。

二つの考え方があります。ひとつは、二大政党制。もうひとつは、比例代表制。

二大政党制については、すでにのべました。だいたい力量の同じ政党が二つあって、政権交替するようにというのが、二大政党制。それに対して、有権者のさまざまな主張を、さまざまに代表する政党があって、得票に応じて議会に議席を占めるべきだというのが、比例代表制です。たとえば、自由経済党、農業保護党、地域振興党、福祉充実党、平和追求党、環境と緑の党、…といった具合です。

*

比例代表制は、どこが望ましいのでしょうか。

比例代表制を支持する人びとは、こう言います。有権者は、自分の主張を議会に反映させたいと思っている。政党が二つしかなければ、主張が反映されない。多くの政党があれば、自分の主張にぴったりの政党をみつけやすい。その得票に応じて、議席を配分すれば、議会に有権者の主張を正しく反映させることができる。これが、議会政治の根本でなければならない、と。

もっともな点もあるのですが、困った点もあります。

比例代表制を採用する（たとえば、全国を一選挙区にして、比例で議席を配分する）と、中小の政党がいくつも分立することになります。ではそこで、どうやって多数派を形成するか。連立するしかありません。

連立は、もともと主張の異なる複数の政党が、協定を結んで、議会でひとつの政党のように行動することをいいます。地域振興党は、地域振興の政策を認めてもらうかわりに、軍備増強の政策を認めさせられるかもわかりません。しかもそれは、有権者に事前の相談なし、です。

連立政権の問題点については、項目を改めてのべます。

比例代表制は、選挙を通じて多数派をつくりだすという、議会政治の根本原則に反しています。

政治は、多数派をつくりだすことなのです。それに比べれば、自分の主張にぴったりあった政党が、議会に議席を占めているかは、どうでもいいことです。いまのところ少数の支持者しかいない政治的主張をもっているひとは、その主張を、大きな政党の政策のなかにどう活かすことができるか、その道をさぐるのが本筋です。

＊

連立政権

選挙の結果、どの政党も過半数の議席をえられなかった場合は、政治が不安定になります。

第一党も、議席が過半数に達しません。法案を通そうとしても、残りの政党がみな反対すると、否決されてしまいます。法案ごとに毎回、賛成してくださいと交渉するのは、とても手間がかかります。

そこで、合わせれば過半数になる、いくつかの政党が相談して、連立の協定を結びます。この党のこの政策、あの党のあの政策は、共同で実現しよう。議会では、ひとつの政党のように行動し、投票しよう。

議院内閣制の場合、連立の協定は、政権の樹立に結びつきます。これを、連立政権といいます。

＊

連立の問題点は、有権者に事前の相談がないことです。

選挙のときには、どの党も自らの主張を掲げ、有権者に訴え、他党を攻撃します。有権者はそのつもりで、ある党に投票します。でも、開票してみたら、どの政党も過半数をとれなかった。そこで、政党同士が交渉して、連立を模索します。この連立の組み合わせには、ふつう、何通りもあります。そのどれになるかは、交渉してみなければわかりません。政党同士のかけひきの結果です。

そしてこのかけひきは、妥協になります。政治の筋道を曲げて、相手の政党に譲歩するのです。もちろん、過半数を制すれば、政策を実現するチャンスは高まります。けれども、相手の政党の不本意な政策に、協力しなければならなくなります。そしてこれらすべてが、有権者の目の届かないところで、相談されるのです。

＊

比例代表制は、かならず連立の問題が持ち上がります。

二大政党が争う場合も、第三党が現れてそれなりの議席を獲得すると、大政党はどちらも過半数に届かず、第三党がキャスティング・ボートを握る状況がうまれます。第三党は、連立するにせよ、そのつど交渉するにせよ、相手の足元をみて、少ない議席に似合わない、大きな政治力を発揮することになります。

こうしたことが、有権者のコントロールできない場所で起こるのが、連立のとても困った問題です。

二大政党の対立軸

連立の問題点を理解しているひとは、二大政党制がよいと考えます。ふたつの大政党が、議会でしのぎを削り、監視しあって、ときどき政権を交代する。健全な政治のためには、これがいちばんよい、と。

それには、実力の伯仲する、政党がふたつ、存在しないといけません。でも、実際にはなかなか存在しない。いまの政権党に対抗する、どういう対立軸で、もうひとつの政党をつくればよいのでしょう。

＊

二大政党が並び立つには、政策の対立軸がはっきりしていなければならない、と考えられてきました。イギリスの保守党と自由党は、保護貿易か自由貿易かで対立しました。アメリカの民主党と共和党は、大きな政府か小さな政府かで対立しているように思えます。対立軸がはっきりすれば、有権者にわかりやすく、選挙戦がメリハリのあるものになります。

けれども、政権交代を考えると、二大政党は、基本政策が共通していて、継続性があることが望ましいのです。政権が交代するたびに、前の政権の政策を全否定し、いちからやり直すのでは、政治が不安定になります。

＊

そこで、こう考えられないでしょうか。

二大政党のあいだの政権交代が大事か、それとも、二大政党のあいだの政策の対立軸が大事か。大事なのは、政権交代のほうです。政権交代ができるのなら、政策の対立軸は、なくてもよろしい。いや、もう少し正確に言いましょう。選挙を、与野党で戦うのですから、対立軸はその都度、いやでも出てきます。何十年も続く政策の対立軸を、あらかじめ固定しておく必要はないのです。

要するに、まず、二大政党があることが大事。セブンイレブンとファミリーマートでもよい。吉野家と松屋でもよい。ダンキンドーナツとミスタードーナツでもよい。ふたつのあいだに、特に違いがなくてもよいのです。(でも、対抗しているうちに、自然に違いが出てくると思います。)

保守と革新

戦後、日本は長いあいだ、保守と革新の対立が続いてきました。

保守は、自由民主党。革新は、社会党、共産党。革新の側は、労働運動や社会主義を基盤にしていましたから、対立軸ははっきりしていました。この体制は、一九五五年に、保守合同によって自由民主党が成立してから、半世紀ほど続きました。五五年体制とよばれます。

＊

自民党と社会党は、東西冷戦を背景に、対立しあっていました。特に、安全保障に対する考えが違いました。自民党は日米安保条約に賛成、社会党は反対。自民党は自衛隊は合憲、社会党は違憲。社会党は、非武装中立を唱えていました。選挙を何回行なっても、政権交代が起こらなかったのは、社会党の安全保障に対する考え方が原因です。これだけ政策の基本が異なると、心配で、社会党にはとても政権を任せるわけには行かない、と考える有権者が多かったのです。

自民党と社会党の五五年体制は、二大政党制ではなく、その反対の、一党長期政権でした。少数党の社会党は、法案を通すことができません。できるのは、抵抗することだけ。審議拒否などで時間を稼ぎ、廃案をめざします。自民党は、国会対策委員会などを舞台に取引きをして、一部の廃案とひきかえに、重要法案の成立をはかります。社会党の主張も、少しは通るというわけです。

重要なことは、有権者の目の届かないところで、舞台裏の交渉で決まるのですから、国会の論戦は、形式的な「儀式」になります。国会は、政治の舞台でさえなくなります。政治のいちばん大事なことは、自民党の内部の、派閥のかけひきで決まりました。

*

小選挙区制

自民党の派閥政治の舞台裏や問題点に嫌気のさした中堅若手議員が、自民党を飛び出して、二大政党制をめざしました。一九九〇年に、冷戦が解体したのがきっかけです。

まず、選挙制度を改革しました。

それまでの衆議院の選挙は、いわゆる中選挙区制で、ひとつの選挙区から3～5人の議員が当選しました。戦前、いくつもあった保守政党の議員が、仲よく当選できるようにという制度だったといいます。自民党から複数の候補が立候補し、自民党の候補者同士が争うので、派閥が形成されます。政権交代も起こりにくい制度です。

小選挙区制は、選挙区から一人が当選する制度。二大政党の対決となった場合、一方は落選します。わずかな得票率の差が、大きな議席の差となって表れます。つぎの選挙で、反対党の得票率がのびると、議会の議席ががらりと入れ替わり、政権交代が起こる、というわけです。

＊

人びとが同じように投票しても、選挙制度によって、選挙結果は違ってきます。小選挙区制は、二大政党が育ちやすく、政権交代が起こりやすいことが知られています。それまでの中選挙区制を改めて、小選挙区制にしたのは、よい改革でした。

でもそのわりに、二大政党制は定着していません。政権交代も、期待したほど起こっていません。

ひとつの理由は、小選挙区制の法案を通すのに妥協せざるをえず、比例区がついていて、重複立候補も認めるという中途半端な制度になっていることです。そのため、中小の政党も生き残っています。

けれども、もっと根本的な理由は、有権者が制度の趣旨をよく理解せず、二大政党を育てるように投票していないこと。そして、野党がだらしなく、四分五裂していることです。

政策の違いより多様性

野党はなぜ、分裂してごたごたしているのでしょう。

政治家として未熟な人びとが、つまらぬ内輪もめをしている、とも言えます。けれども、いちばんの原因は、自民党と対抗するのだから政策の対立軸がなければならない、と思いすぎて、政策の細かな違いにこだわって分裂しているのではないか。

自民党は、オールラウンドな政権政党なので、どんな政策もだいたいカバーしています。これと違いを出そうとすれば、行き詰まります。むしろ、政治の手法（党内民主主義）をしっかり磨いたほうが、違いが明確になります。

＊

二大政党制では、党と党との違いよりも、同じ党内の意見の違いのほうが、大きくなって当然です。実際、自民党には、さまざまな意見の幅があります。それに匹敵する政党をつくりたければ、党内の多様性を自民党以上に、大事にすべきなのです。

政党は矛盾と妥協である

自民党はずっと、長期政権を続けてきました。

その支持基盤をみると、自民党が矛盾のかたまりだったことがわかります。

農村の農民票を、支持基盤としていました。でも、農産物価格が安くないと、賃金をおさえて輸出産業を育てることができません。そこで、生産者米価だけは高くして、農家の所得を保証するいっぽう、それ以外の農産物（ダイズやトウモロコシや…）は自由化して、値段を安くしました。

財界を、支持基盤にしていました。保護主義と自由貿易を巧みに使い分け、社会インフラを整備して、経済成長をうながしました。

中小企業を、支持基盤にしていました。公共事業で建設業をうるおしたり、融資やさまざまな特例で、経営を支援したりしました。

＊

政治は、さまざまな利害を調整することです。

自民党は、さまざまな地域や階層の異なった利害を、自民党の内部で調整していました。議会で、野党との論戦で調整したのではありません。自民党は、党の内部に多様性を抱え込み、政策を調整して、ひとつの政党としての最低限の一貫性（合理性）をつくり出していました。たとえば、財源を手当てするのは、そうした合理性の基礎です。

アメリカの共和党や民主党も、ヨーロッパの政党も、党内に多様な意見や政策を抱えています。党がすっきり、ある意見でまとまるべきだという思い込みをなしにすれば、四分五裂の野党も、ひとつにまとまれるはずです。

党議拘束の害

議員は、政党の党員である以前に、ひとりの政治家として、選挙で選ばれた「国民の代表」として、法案に賛否の票を投じ、政治的判断を下します。

けれども、その任務を果たしている議員が、どれだけいるでしょうか。

日本の議会には、党議拘束というものがあって、採決に先立って、賛成／反対／棄権、が党によって決められます。議員は、その通りに投票すれば、まったく頭を使わなくても、議員が務まってしまうのです。

党議拘束に違反して投票した議員がいると、党の懲罰にかけられたりします。

党議拘束などというものがあるので、議員の、政治家としての質が下がり、議員が自分の頭でものを考えなくなります。

＊

党議拘束は、憲法に違反しているのではないかと思います。

政党は、憲法や政府の制度に定めのない、任意団体です。その任意団体が、選挙で選ばれた国の職員である議員の、良心にもとづいた判断を、拘束する。議員が「国民の代表」であるとは、利害団体の代表でもないし、政党の代表でもない、ということです。

*

実際には、政治的意思を集約する仕組みとして政党があり、政党から立候補して議席をえているわけですから、政党の方針を無視することはできません。政党は、ある法案を審議するのに、その分野に詳しい人びとが法案を多角的に検討し、必要なら修正案を考えるなどして、議論を重ねます。議員はそれを十分に理解して、なるほどと思ったら政党の方針にしたがって投票します。それは、自主的な判断であって、「拘束」ではないはずです。

実際問題として、大部分の議員が大部分の場合に、党の結論にもとづいて、投票することになるにせよ、それを「党議拘束」と称してはばからないのは、議会政治に対する無理解と冒瀆であるように思います。

官僚と議員

議員は、ひとりで何でも調べることはできません。スタッフが必要です。

日本の議会は、議員のスタッフが貧弱です。人数も少ないし、待遇もよくない。アメリカの議会は、人数もずっと多く、能力のある人びとがそろっています。それだけ予算を使っているのです。

日本の議会がそれでも何とかやって来られたのは、中央省庁の官僚が、政権与党のスタッフのような役割を果たしてきたからです。

*

けれども、官僚と、議員とでは、役割や考え方が、まるで違うことを理解しないといけません。

省庁の特徴は、縦《たて》割り組織なことです。外務省は外交の、防衛省は安全保障の、農林水産省は一次産業の、専門部署です。しかもそれがまた、北米局、アジア大洋州局、経済局、…などと分かれ、それがまたもっと細かく分かれている。官僚は、細かな範囲で仕事をし、その範囲でものを考えるように訓練されているのです。

議員は、まるでこの反対です。

議員には、得意分野はあっても、専門はありません。どんな法案にも、賛否を判断しなければなりません。政治が解決すべきテーマは、法律も、経済も、哲学や歴史も、文化も、…すべてが関係し、専門に細切れにできないものなのです。それと取り組み、理解して、総合的に判断する。省庁ではたらく官僚と、まったく違った能力が求められます。

＊

こう考えるなら、中央省庁の人員をごっそり減らして、議会のスタッフに回すことが、合理的だと思います。政府提案の法律案をつくっているのは、どうせ中央省庁の官僚で、それは立法行為なのですから。

政党と宗教

もうひとつ、政党と宗教の関係を、考えておきましょう。

近代の、議会政治の原則から言えば、宗教と政治は無関係であるべきです。宗教と政党も無関係であるべきです。

具体的には、教会や宗教団体や、宗教的指導者は、「誰それに投票しましょう」「△△党に投票しましょう」と、言ったり、示唆したりしてはなりません。宗教的指導者が、議員に立候補し政治家になってもいけません。政府が宗教団体に資金を出したり、宗教団体が政党に資金を出したりしてもいけません。

この原則を、政教分離といいます。この原則は、政治と宗教が結びついて、多くの血が流された、過去の苦い歴史にもとづく教訓です。

＊

日本には数多くの宗教団体があります。その団体が、特定の政党を支持して、組織票を投ずる場合があります。

「自分たちの宗教的信念や価値観にもとづいて、ふさわしい候補者や政党に投票しましょう」は、ＯＫです。有権者一人ひとりが、自分の良心にもとづいて投票しているからです。けれども、「自分たちの宗教的信念や価値観にもとづいて、候補者△△さん、□□党に投票しましょう」と言ってしまうと、民主主義のルールに抵触します。

トランプ氏が大統領候補だったとき、選挙戦の集会で、福音派のある指導者（牧師）を演壇にあげて、一緒に手をふり、投票を呼びかけました。これは、一線を越えていて、ルール違反だと思います。

＊

公明党という政党があって、支持母体は創価学会です。組織のうえでは、分かれていますが、実態は重なっています。これは、政教分離の原則に反するのかどうか。

宗教を基盤とし、宗教団体が母体となって、政治団体を設けるのは問題だと思います。

創価学会も公明党も、善意の人びとであることはよくわかります。が、だからこそ、議会制民主主義の原則どおりに行動してもらいたいものです。たとえば、信仰の立場から熱心に公明党のボランティアをするとします。すると、さまざまな政党のなかで、公明党の組織力だけが突出して高くなります。そのぶん、民主主義のルールがゆがむ可能性があります。信仰の立場から、一般市民として、各自が選ぶさまざまな政党のボランティアをするのであれば、問題ありません。そしてそのぶん、政治はよくなるでしょう。宗教団体は、宗教活動を通じて、そして世俗の活動と投票行為を通じて、政治をよくしてもらいたいものです。

*

イスラム諸国では、最近とくに、さまざまなイスラム政党の活動が目立ちます。

エジプトでは、イスラム同朋団が、有名です。

イスラム諸国では、世俗の政権が、西欧型の近代化を進め、そのひずみが社会の底辺の人びとを苦しめました。イスラム同朋団はイスラムの精神にもとづき、弱者に手を差しのべ、貧しい人びとのための医療に尽くすなど、精力的な活動を行ないました。目障りだとして、政権の弾圧も受けました。それがいま、公然と活動できるようになっています。

*

アル・カイーダやタリバンやイスラム国（ＩＳ）など、イスラム主義の過激組織も、各地に現れています。イスラム諸国の置かれた歯がゆい現状を、直接行動で突破するしかないという、追い詰められた心情が、少なからぬ若者をとらえています。

＊

イスラム諸国では、さまざまな理由で、民主主義を実現するのが困難になっています。その過渡的なかたちが、イスラム政党であると言えるでしょう。

憲法改正

自民党は、憲法改正を掲げていました。
これに対して社会党は、護憲を掲げていました。
保守／革新の対立は、改憲／護憲の対立でもあったのです。

＊

保革の対立が過去のものになって、野党のなかにも、憲法改正に前向きの政党が出てきました。

憲法には、憲法改正の規定があるのですから、必要があれば、憲法を改正してよいのは、当然のことです。

＊

けれども、同時に、憲法には、国会が憲法改正を発議するのに、高い敷居を設けている点にも、注目すべきです。この規定があるのは、第九六条。《各議院の総議員の三分の二以上の賛成で発議》する、とあります。

どういうことか。三分の二とは、与党のみで発議するのでなく、与党と野党がよく協議して合意のうえ、発議するように、という意味だと読むべきでしょう。憲法は、議会制民主主義が営まれる土俵（ルール）です。その土俵を、ひとつの政党の主張で、変えてはなりません。ここが、一般の法律の場合と違います。憲法改正は、与野党の意見が異なる場合の、政治的な争いの具となってはならないのです。

＊

憲法改正は、よりよい憲法を手に入れ、政治をよくするための手段です。憲法改正は、決して目的ではありません。

憲法改正に意欲をみせる安倍首相は、まず憲法の第九六条を改正して、三分の二を二分の一に改正しよう、と考えているとも聞きます。二分の一では、政権与党の賛成だけで、憲法改正を発議できてしまいます。とても不適当な考えだと言えるでしょう。

第6講 安全保障

国境はなぜあるか

政治の重要なテーマのひとつ、安全保障について考えましょう。

*

まず、どの国にも、国境があります。

なぜ、国境があるのか。

それは、法律が、ある空間（地理的範囲）のなかで効力をもつから。国境の内側では、その国の法律が効力をもち、外側では、効力を持たないのです。

もちろん、法律が効力をもつとは、その国の政府が法律を適用しているから。刑法に触れる行為があれば、容疑者を逮捕し、裁判にかけます。民事上の行為があれば、保護を与えます。これを、施政権といい、実効支配といいます。

国境は昔から、あったわけではありません。昔は、法律の概念もあいまいで、国境の概念もあいまいでした。近代になって、国境の概念がはっきりし、法律の適用範囲もはっきりしました。

国境は、ある国が主張すれば、それで決まるものではありません。隣りの国があるからです。そこで、国境を定めるのは、隣国との条約になります。

戦争をした相手国と、平和条約を結ぶ際には、国境も定める（確認する）ことになっています。

＊

その国の人民の安全を守り、生活を守り、国土を守ることは、その国の政府の義務です。そのため軍隊や、国境警備隊がいます。

国土はしばしば、周辺国とのあいだで、争奪の対象となってきました。相手国の国土を奪い取る目的で、軍隊を進め、武力を行使することを、侵略といいます。これは、グロチウス『戦争と平和の法』の定義です。侵略は、国土を奪い取ろうという、その意図が大事なのです。

裏を返すと、単に相手国の領土内に軍隊を進めるだけでは、侵略ではありません。相手国を単に通過する場合もあります。国境を接した隣国と戦争すれば、戦闘の都合で、軍隊がすぐ相手国に入り込んでしまいます。

日本は一九四五年の敗戦から五二年に独立を回復するまで、連合軍に占領されていました。これは、「保障占領」といって、降服の条件と戦後処理が正しく行なわれるための占領です。独立したあとには、日米安保条約を結んで、アメリカ軍の基地がひき続き存在しています。

交戦権

相手国と戦争をする権限を、交戦権といいます。

昔は、どの国も、交戦権をもっていました。戦争そのものは、合法だったのです。

＊

日本国憲法は第九条で、戦争を放棄するとし、《国の交戦権は、これを認めない》と記しています。

戦争をする権利を放棄するからには、日本国はもともと、交戦権をもっていると考えるべきです。もっていない権限を、放棄できないからです。

ゆえに法理から言えば、憲法を改正して第九条の条文を改めるか、なしにしてしまうと、日本国に交戦権が戻ってくることになります。

＊

国際法ではいま、戦争は、不法です。

一九二八年、パリ不戦条約が結ばれ、戦争を非合法としました。第一次世界大戦の戦禍に懲りた各国が、戦争をしないという条約に調印したのです。日本も調印し、批准もしています。

日本は、中国との戦争（一九三七年〜　）を「事変」と称して、戦争ではないと言い逃れしていました。戦争だとなると、戦略物資をアメリカなど第三国から輸入するのに、支障が出てくるのです。

パリ不戦条約では、相手が先に戦争をしかけてきた場合は、それに応戦するのは自衛戦争なので、合法であることになっていました。第二次世界大戦は、ドイツが先に戦争を仕掛けたというので、多くの国々が参戦し、世界中を巻き込む大戦争になりました。

自衛戦争

以上をまとめると、戦争は不法だが、自衛戦争なら合法、ということになります。自衛戦争という抜け道は、それなりにやっかいです。これは自衛戦争だ、と言い張って、戦争を始める国もあるからです。

＊

では、日本に、自衛戦争をする権利（自衛権）はあるのか。

《国権の発動たる戦争と、武力による威嚇又は武力の行使は、国際紛争を解決する手段としては、永久にこれを放棄する》（第九条）のだから、自衛戦争の権利もない。こう考える人びともいます。九条原理主義者、とよんでおきましょう。

いや、それはあまりに非現実的である。自衛戦争の権利はあるのだ、と考える人びともいます。九条現実主義者、とよんでおきましょう。日本政府もそう考えていて、自衛権を行使するための、自衛隊をもっています。

＊

社会党は、九条原理主義の立場から、自衛隊は憲法違反だと考えました。そして、非武装中立を主張しました。（一九九四年の、自社さ連立政権のとき、この主張を引っ込めました。）

自民党は、九条現実主義の立場から、自衛隊は合憲である、ただし軍隊でない、と主張しました。

憲法は、条文も大事ですが、その運用の実態も大事です。憲法は、慣習の側面もあるからです。憲法第九条が、自衛隊とともに、六〇年あまりも運用されてきて、国民の理解もえているのは、自衛隊は合憲であるという意味になります。

＊

非武装中立

ある時期、おおきな議論になった、非武装中立についても考えておきましょう。

まず、中立。中立は、戦時国際法上の概念です。

A国とB国が戦争を始めた場合、C国は中立を宣言して、戦争の当事者とならないようにします。

中立は、ただ宣言すればよいのではなくて、中立国として正しく行動しないと、中立を認められません。たとえば、C国がA国に、武器や軍需物資を輸送しているのが、B国に見つかれば、B国によって敵国とみなされて、B国との戦争になります。A国の軍隊がC国にやってきて、軍艦が入港して補給や補修をしたり、部隊が野営したりすれば、やはりB国によって敵国とみなされて、B国と戦争になります。ですから、A国の軍隊がやってきたら、C国は、実力で排除しなければなりません。中立国であるために、戦争が必要となる場合があるのです

*

この戦時国際法のルールからすれば、「非武装中立」など、ありえないことがわかります。非武装中立がどうのこうのという議論を、しばらく続けていた日本は、戦争についての国際常識がまったくなかったと言えます。

よく例にあがるスイスは、永世中立国です。そして、武装中立国です。

スイスは、ヨーロッパの真ん中にある小国です。昔は、スイス人の傭兵は優秀で、ヨー

ロッパ中で暴れ回っていました。でも、自国が戦争に巻き込まれないよう、永世中立国になると決めました。国民は、兵役の義務があり、外国の軍隊に侵入されないよう、撃退する準備を整えています。訓練も欠かしませんし、戦時国際法の教育も行き届いています。これだけの用意と、地理的な条件とのおかげで、スイスは中立を保つことができています。

軍事同盟

自国の安全を守るには、どうしたらよいか。

自国は、自国の軍隊で守る。これが、基本です。世界共通のルールです。けれども、世界には、大国もあれば、小国もあります。大国は、強い軍隊をもつでしょうが、小国は、ささやかな軍隊しか持てません。小国は、自国を守れるでしょうか。

＊

小国が、自国の安全をはかるいちばん簡単な方法は、大国と仲よくし、軍事同盟を結ぶことです。

大国は、別な大国と対抗しているものなので、子分のような国が増えるのは歓迎です。でもこの結果、小国はかえって、その別な大国と対立関係になってしまうかもわかりません。

二国間の同盟ではなく、多くの国がたばになって、軍事同盟（集団安全保障の条約）を結ぶ場合もあります。現在のＮＡＴＯ（北大西洋条約機構）が、その例です。

小国の、もうひとつの選択肢は、いまのべた武装中立です。実際に、この戦略をとっているのは、スイスぐらいで、例が多くありません。

＊

日米安保条約は、大国アメリカと、小国日本の軍事同盟です。

この条約にもとづいて、アメリカは日本に、軍事基地を置いています。アメリカにもメリットがあります。もちろん日本には、もっとメリットがあります。

憲法第九条と自衛隊の組み合わせで、日本が守られているのは実は、日米安保条約のおかげです。憲法第九条と自衛隊は、日米安保条約とセットで、機能しているのです。（九条原理主義者は、このことを、見ようとしません。）

＊

アメリカは、軍事大国です。しかも、核保有国です。同盟国に、核の傘を提供することができます。

核兵器に反対の日本人が、中国に行って議論しました。中国はなぜ、核兵器を開発するのか。日本は被爆国で、核兵器には反対だ。中国も核兵器はやめるべきだ。中国の人びとは反論しました。日本は、アメリカの核兵器に守ってもらっていながら、何を言うか。中国は、自分で自分を守らなければならない。核保有国から自国を守るのに、核兵器をもつのは当然だ、と。

＊

日米安保条約を、日本からみると、自衛のための条約です。日本は、相手国から戦争をしかけられた場合、まず自分で自分を守る。アメリカは、その助太刀にかけつけて、相手国をやっつけてくれる。日本は、アメリカを助けないので、単なる自衛（個別自衛権の問題）だと考えればすみます。

でもこれを、アメリカの側からみると、集団的自衛権の発動です。同盟国の日本が、攻撃された。アメリカは攻撃されていない。でも、これを、自国が攻撃されたと同様であるとみなし、反撃にかけつける。これは正当な戦争である、と。

法理から考えて、個別自衛権が正当なら、集団的自衛権も正当なはずです。集団的自衛権が正当でなければ、小国は自分を守るのが困難になります。実際、国連も集団的自衛権を正当とみとめています。この点をあいまいにしている日本国内の議論も、やはり、国際常識から距離があります。

徴兵制と志願制

安全保障の一線で働くのは、軍人（自衛官）です。生命の危険を顧みず、任務を果たさなければなりません。

では、だれが軍人となるのか。

大きく分けて、徴兵制と志願制があります。

＊

その昔、ヨーロッパの軍隊は傭兵制でした。給料を払って、兵員をかき集めたのです。給料を受け取るやいなや、逃げ出してしまう兵員もいました。

フランス革命を境に、徴兵制が主流になります。くじ引きで、住民から兵員を集めます。国民軍なので、士気が高くなります。

徴兵は、有力者や金持ちの息子も、貧乏人の息子も、みんな兵役につくので、公平です。でもフランスではやがて、代わりにお金を払えば、兵役に行かなくてすむようになりました。兵員になるのは、貧乏人の息子ばかりになります。

志願制の軍隊では、社会的弱者にあたる人びとが主に、危険な任務について、犠牲を払うことになります。資産家や高所得の人びとは、兵員になりたがりません。志願制は、社会的不公正を拡大する傾向があります。それに比べると、徴兵制は公平で、民主主義を促進し、また、戦争を防ごうとする世論を強める効果があると言われます。

日本では、徴兵制はいけないものの代名詞みたいになっています。でも、よい側面もあるのです。自衛隊の隊員募集は、志願制と言っていいやり方ですが、社会的不公正を拡大してしまう側面もあることを、みなければなりません。

核兵器

第二次世界大戦は、核爆弾によって幕を閉じました。そして、米ソなど主要国はみな、核兵器で武装するようになりました。

*

核兵器は、これまでの火薬にくらべ、ケタ違いの破壊力があります。一瞬で、都市を吹き飛ばしてしまうほどです。

核兵器は、破壊力が大きいわりに、相対的に安価です。国境を越えて攻めてくる数十個師団に、対抗できます。そのため、通常兵力の劣勢を補うことができます。

相手国が核兵器をもっている場合には、こちらも核兵器で対抗します。相手国が、核兵器を先制使用しようと思わないよう、十分な反撃能力をそなえ、力の均衡をはかります。

*

小国が安全保障をはかる第三の道は、核武装することです。

核兵器を開発するには、費用がかかります。けれども、通常兵力にくらべれば、安あがりです。そして、我慢して費用と時間をかけ、核兵器を手にいれたとたんに、自国の安全と、大きな政治的発言力が手に入ります。北朝鮮が選んでいるのは、この道です。

＊

日本には、核兵器を嫌悪する特別な国民感情があります。

一九六七年、佐藤首相が、日本は「核兵器を持たず、作らず、持ち込ませず」と答弁して以来、このポリシーは、非核三原則として知られています。「持たず」「作らず」はともかく、「持ち込ませず」は非現実的です。核ミサイルを装備しているはずのアメリカの原潜や空母が、核兵器をおろしてから日本に入港したりしないからです。日本政府は、事前協議がないのだから、持ち込まれていない、と強弁しています。

非核三原則と日米安保条約のあいだには、矛盾があります。言い換えれば、アメリカの核兵器によって日本の安全が守られているという現実から、目を背けているのです。

自衛隊は軍隊か

自衛隊は、軍隊でしょうか。

装備や戦闘能力から考えれば、軍隊です。国際社会でも、軍とみなされています。自衛艦や自衛隊員が海外に出向けば、軍としての扱いを受けます。

しかし、国内法では、警察と同様の扱いです。憲法上、軍は存在できないからです。実態上、軍であるのに、法律上、軍でない。この矛盾した存在が、自衛隊です。

*

法律上、警察と軍は、どう違うか。

行政府の組織で、武器を携行し、制服を着ているところなどは、似ています。しかし任務が違います。警察は、犯罪を取り締まり、容疑者を逮捕して、送検する（裁判にかける）のが任務です。一般市民の人権を制限するので、法律によって、やってよいことが厳しく制限されています。たとえば、家宅捜索（私人の住居に入る）は、裁判所の令状がなければできません。

法律で、できると許可されたこと以外、できない。これが、警察（に限らず、すべての政府職員）の原則です。

いっぽう、軍隊は、戦時に、敵と戦い、国民の安全を守ります。敵も軍人で、味方を攻撃してきますから、事態は切迫しています。よって、戦時には、法律によって禁じられていること以外、必要なことはできる。これが、国際的に認められた、軍隊のルールです。

政府職員としては、特別な身分なのです。

＊

自衛隊は、専守防衛を原則としているので、国外で活動することを想定していません。そこで、海外の任務に従事するときには、「イラク特措法」のような、特別の立法が必要になります。でも、すべての場合に対応するように、事前に立法しておくことは、むずかしいかもしれない。自衛隊は、軍隊でない分、行動能力に問題があるのです。

＊

この問題を解決するには、憲法を改正して、日本も軍隊をもつと定めるのが、ひとつの方法です。いわゆる「ふつうの国」論です。しかし、こう考える人びとはまだ少数派です。日本の安全保障の根本に関わる問題なので、多くの議論が必要です。

戦争の目的

戦争にはすべて、目的があります。

クラウゼヴィッツ『戦争論』によれば、戦争とは、自分の意思を武力によって、相手におしつけること。自分の意思を実現することが、戦争の目的です。

言い換えると、個々の戦闘に勝利することが、戦争の目的ではありません。相手国が戦争を継続する能力がなくなって、あるいは根負けして、自国に有利な平和条約を結ばせることが、戦争の目的なのです。

＊

戦前の日本は、この原則がよくわかっていませんでした。

アメリカと戦争して、勝てる見通しがないのに、戦争すると決めました。最初の一、二年は暴れる（個々の戦闘に勝利する）見通しがあるだけでした。案の定、長期戦になって、戦争継続能力がなくなり、無条件降服するしかなくなりました。アメリカは、明確な戦争目的があって、降服条約に調印させ、日本の戦後改革を行ないました。

中国も、戦争目的が明確でした。日本が攻めてきて、正面から戦っては勝ち目がない。そこで退却して、戦線を拡げ、米英の世論に訴えて、日本の孤立と消耗を待ちました。最終的には、日本が米英と戦って負け、戦勝国となったのですから、戦争目的を達成しています。日本よりもずっと、長期的な見通しが確かだったということです。

＊

このように、戦争や安全保障は、大きな政治の文脈のなかにあります。軍人や専門家にまかせておくべき問題ではないのです。

特に、北朝鮮の核開発にともなう、東アジア危機によって、安全保障を取り巻く状況は大きく変わっています。（このあたりの事情については、橋爪大三郎・折木良一『日本人のための軍事学』（角川新書、二〇一八年）を参照してください。）

安全保障について、よく研究し、議会でいつも議論し、国民に問題をはっきり理解できるようにすること。そして、アクション・プランを提案すること。これも、議員の重大な任務なのです。

第7講

教育

教育とはなにか

教育は、主に子どもや若い人びとに、社会を生きていくための前提となる基礎的な能力や態度を身につけられるよう、社会が提供するサーヴィスのことです。

*

伝統社会では、教育は、家族や地域社会が担っていました。社会は、安定していて変化が少なく、子どもは親の職業を継ぎ、上の世代の知識は下の世代でもそのまま役立ちました。学校（大学）は、あったとしても、ごく一部の人びとが、宗教教育や専門の職業教育を受けるためのものでした。

近代社会になると、事情が変化します。都市が発達し、新しい産業が起こり、人びとは移動し、科学技術が新しい知識をもたらします。読み書きの能力も必須になります。そこで、初等中等教育のための学校が、設けられるようになりました。

*

学校教育は、家庭や地域社会では対応できない、社会共通の内容を教科ごとに、おおぜいの若者を集めて、教員が教えるものです。ほぼ税金でまかなわれる学校教育を、公教育とよびます。

税金で教育費を負担する

公教育で、なにをどこまで教えるかは、時代によって異なります。

まず、世界中で、小学校が建てられました。

小学校は、学年制で、クラスがあり、教員が同年代の生徒を一度に教えます。教科書があり、黒板があり、宿題やテストがあります。国中、世界中でほぼ同じ内容です。

これだけのことに、とてもコストがかかります。用地を確保して建物を建て、教員を養成し、給与も払うのです。費用を親から集めるケースもありましたが、それでは教育が普及しません。税金を使って、公共サーヴィスとして学校教育を提供するやり方が、ふつうになります。

このことには、大きな利益があります。近代的な職業につき、社会を生きていく能力が身につきます。本人の利益になり、社会の利益にもなります。教育からは、教育にかかるコストを上回る、大きな価値がうまれます。

＊

初等教育の経費を、税金で負担するのは、合理的です。

すべての子どもたちが、小学校に行きます。親が費用を支払うと、子どもの人数の多い家庭や貧困な家庭は、負担が大変です。子どものいない人びとも、教育が普及すれば、間接的に利益が及ぶのです。そこで、能力に応じて税を負担し、すべての子どもに等しく教育を提供することが、適当なのです。

初等教育は（そして、中等教育も）、国民のナショナル・ミニマムと言えるでしょう。

初等教育で、なにを学ぶ

どの国でも、大事な教科は、国語です。字の、読み書きを習います。

社会で必要な、職業で必要な、新しい知識は字で書いてあり、本に書いてあるので、字が読み書きできるのは、基本の基本です。

国語は、そのほかの教科の前提になります。教科書は、文字で書いてあるからです。

＊

算数も、そのつぎに大事な教科です。数の計算を習います。

近代社会は、市場経済を中心にする社会です。経済活動のため、貨幣を用います。数の計算は、市場に参加するため、職業を営むための、基本のスキルです。

理科も、大事な教科です。

理科は、自然現象が、合理的な自然法則によって動いていることを教えます。電気や薬品の操作に役立ちます。農業や、漁業や、製造業の基礎になります。

社会科も、大事な教科です。法律や、行政や、職業や、社会の基本的な仕組みについて、理解できるからです。

＊

このほか、子どもたちは、集団行動を学びます。一人ひとりが対等で、特別扱いがないこと。法の前の平等、の子ども版です。集団には、秩序が必要なこと。将来、企業やさまざまな組織に加わった場合の、行動様式を学びます。学校は、規律訓練の場でもあるのです。

こうした教育を、すべての子どもが受けることは、本人の人権に属すると考えられます。ゆえに、親や社会にとっての、「義務」教育なのです。

中等教育で、なにを学ぶ

学制は、国によって違うので、どこまでが初等教育で、どこからが中等教育か、いちがいに言えません。いまの日本の、中学校、高等学校を、中等教育と考えておきます。

＊

中等教育では、初等教育の一歩先の、先進国の市場経済にふさわしい内容を学びます。

まず、英語です。英語は、国際社会の情報を取り入れる基本スキルで、自文化を相対化する客観性も学べます。

歴史や地理や、文学や古典や、数学や、物理や化学や生物や、を学びます。近代社会の常識を構成する、基本パーツです。

＊

中等教育をしっかり身につけていることは、その後の、職業や生活の質に影響します。これも、人権問題なのです。

日本では制度上、中学までが義務教育で、高校はそうではありません。しかし、実態として、高校までがシビル・ミニマムです。公共性の高い、普通教育なのです。

高校が壊れている

資源のない日本は、教育が最大の資産です。日本の近代化、産業化を支えたのも、教育でした。

けれども、日本の教育は機能不全を起こしています。普通教育（高校）、そして、大学がおかしい。政治は、これをなんとかしないといけません。

＊

まず、高校がおかしい。

高校に入試があり、学力輪切りで、不本意進学が多くなります。学生の勉学意欲がなく、授業が成り立たない「底辺校」が、三分の一にものぼる。それでもよほどのことがなければ、卒業できます。高卒資格が、有名無実化しています。

どうすればよいか。校長が自由に学校を経営できるようにすること、高卒資格を外部試験にすること、が決め手になります。

昔、自動車学校に行きました。ヤンキー風の若者が、真剣に勉強しています。教師も、それをサポートします。教育が機能しています。試験に通らなければ、月謝がかさみます。学科試験は公正な、外部試験です。運転免許をもらおうという、目的がはっきりしています。隣りのひとと競争しなくても、合格点をとればよいのです。

高校も、自動車学校の真似をすればよいのです。

高卒資格は、外部試験をパスしたらもらえることにする。目標がうまれ、学生と教員の連帯（協力関係）がうまれる。いまの高校は、どうせ卒業できるから、勉強するだけ損、になります。大変なムダです。本人のためにもなりません。それをひっくり返し、正しい動機を与えるのです。

高卒の資格試験は、高校一年程度のやさしい問題でよいのです。早々に合格した学生は、各自の目標をもって、大学や専門学校に進学するための準備をすればよろしい。

大学が空洞化している

日本の大学は、名前ばかりのところが多くなっています。

大学は、さまざまな専門分野に分かれ、将来の職業にむすびつく学問を学ぶ場所です。でも、そうやって機能しているのは、わずかです。教育学部に入ると最近は、教員になれると思うな、と言われます。法学部は法律家になれず、芸術系の学科は芸術家になれず、文学部は文学者になれないのです。それなら、リベラルアーツを学んでいるほうがよっぽどまし、です。

＊

日本では、大学に入るのを目標にがんばってきた学生が大部分なので、大学に入ると目標をなくしてしまいます。動機がなくなれば、学業に身が入るはずがありません。

高校までは普通教育。誰もが同じことを学びます。各教科の成績を合計して、誰が何番と相対評価（あるひとの成績を他人と比べること）をする。普通教育の総合成績、ましてその相対評価など、どうでもよいのです。大学は、専門教育。得意な分野で、専門家としてやっていけるか、やれるところまでやってみる。職業に直結し、社会的価値をうみだし、本人の満足も高まるのが、専門教育なのです。

大学教育は、コストがかかります。少人数教育だし、図書館などの設備も必要です。理工系は実験設備などに、特に経費がかかります。学生が四年間働かないで過ごすのも、時間的コストです。

これだけのコストをかけているのに、うかうかと大学で過ごし、高校卒業と大して違いのない仕事しかできないのは、とても残念です。

＊

大学の学費は、それなりの金額です。二〇年ほど前、調べたところでは、学生一人にかかる年間の教育費は、私立大学で平均一二〇万円、国立大学は年間一八〇万円でした。いまもだいたい、変わらないと思います。私立大学の学費はいま、年間一〇〇万円ほどです。経費の差額は、私学助成金（税金）や寄付金でまかなっているのです。国立大学の学費は、年間六〇万円ほど。差額の一二〇万円は、税金（国立大学法人運営費交付金）でまかなっています。

これだけ税金をかけています。本来のコストより安い費用で、大学の教育を受けられるということです。

するとどうなるか。みんなも行くから大学でも行こうか、と勉学意欲もないのに進学する学生が、キャンパスに増えてしまいます。不適切進学、です。

いっぽう、その逆の現象も起こります。年間一〇〇万円にせよ、六〇万円にせよ、それなりの金額です。下宿代や生活費・書籍代を加えれば、この何倍にもなります。経済的な負担が大きすぎる。そう思って、学力や適性があるのに、大学進学を断念する人びとが、大勢出てきます。言うならば、不適切不進学、です。

不適切進学をなくす。なくすまでの必要はありませんが、そういう人びとのために、税金を使う必要はありません。不適切不進学をなくす。このためには、奨学金が必要で、必要なら税金を使うべきでしょう。

大学無償化？

政府は、「大学無償化」を実現する、と言っています。

年収三八〇万円に満たない世帯、と原案ではいちおう所得制限がついています。よいことだ、これは助かる、と思う読者もいるかもしれません。でも、「大学無償化」は筋の悪いアイデアだ、と私は思います。

なぜ大学の学費をタダにするのか。それは、不適切不進学をなくすためでしょう。経済的な理由で進学を断念する学生がおおぜいいる。本人も気の毒だし、社会的な格差も固定されてしまう。それなら、低所得の世帯の子女も大学に来られるように、学費をタダにすればいいではないか。

学費をタダにするのは、間違った政策です。まず、学費をタダにしても、不適切不進学はあまり減らないでしょう。学費以外に、下宿代や生活費がかかります。進学することで失われる四年間分の「得べかりし所得」も、かなりの金額です。大学進学には、中高時代の学校外教育（塾や予備校）の費用もかかります。そして、タダにした学費を、全額税金で補塡すると、たいへんな金額になります。無償化のおかげで、不適切進学（学力や意欲がないのに大学に進学してしまう）も増えてしまいそうです。大学経営の自主性も損なわれかねません。無償化で、大学の教育の、質が高まるわけではありません。投入した税金にみあった効果は、うまれないでしょう。

＊

二〇年ほど前、民主党の文教部会に、教育改革について説明に行きました。『選択・責任・連帯の教育改革』（社会経済生産性本部、一九九八年）という提言をまとめたときのことです。そうしたら部会では、「国立大学の学費をもっと安くしよう」という議論をしていました。驚きました。おいおい、民主党は社会主義政党の端くれだろう。国立大学の学生の家庭は、所得高めの階層が中心。現状でも、実際にかかる教育コストの、四分の一にあたる学費しか負担していない。残りの四分の三は、税金で贈与しているのと同じだ。それを、さらに安くしてやろうという。税金は、大学に進学しない（しなかった）すべての国民が支払っている。それを、恵まれた階層の人びとに移転するのは、所得再配分（社会主義政策の基本）と真逆の、所得の逆再配分にほかならない。もっと勉強しなさい！（と演説はしませんでしたが、心の底から怒りを感じました。）

国立大学の学費は、もっと高くてよい。コストが高いのだから。大事なのは、支援を必要とする人びとに確実に届く、奨学金である。――こういう、大学経営の基本が、わかっていない人びとが多くて困るのです。

大学ごとの奨学金

ボストン郊外に、ウェルズリー・カレッジという女子大学があります。小さな私立大学ですが、ヒラリー・クリントン（元大統領候補）、マデレーン・オルブライト（元国務長官）、宋美齢（蔣介石夫人）らが卒業生に名を連ねる名門です。行ってみると、郊外の林のなかにいくつもいくつも、とりどりの煉瓦造りの優雅な建物が並ぶ、絵葉書のような美しいキャンパスです。

私立大学ですから、費用はかなり割高。学費は年間五三四〇八ドル、寮費など合わせると何と七万二〇〇ドル（およそ八〇〇万円）と、中産階級の年収にも相当する金額です。でも、この大学には、低所得層の家庭の子どもや、世界各地からの留学生も多い。奨学金が充実していて、大部分の学生は、大学から援助が受けられるのです。低所得層の学生は、平均で五万ドルほどの補助が受けられます。誰に奨学金を与えるかは、成績や家庭の所得や、出身の多様性を考慮して、大学が決めます。奨学金は、教育の重要な一環です。大学が、再配分機能を果たしているのです。

ウェルズリー大学の経営は安定していますが、それは、卒業生から寄付がどっさり集まるからです。卒業生の、大学への愛着が強い。なぜかと言うと、在学当時、高い学費にふさわしいすぐれた教育を、大学の奨学金（つまり、卒業生からの贈与）で受けられた。それに感謝しつつ、勉学に励んだ。そして、大学で受けた教育を踏み台に、卒業して社会で活躍すれば、その恩返しとして、後輩のために十分な金額を寄付しようという気になるのです。この良循環が、私立大学の財政を支えています。

＊

この仕組みを、日本の大学も採り入れるべきです。学費は、大学の教育コストを十分にまかなえる水準（高め）に設定するが、学業成績（メリット）に応じて、また、出身家庭の経済状態（ニード）などに応じて、大学が奨学金として、学生に還元するのです。その

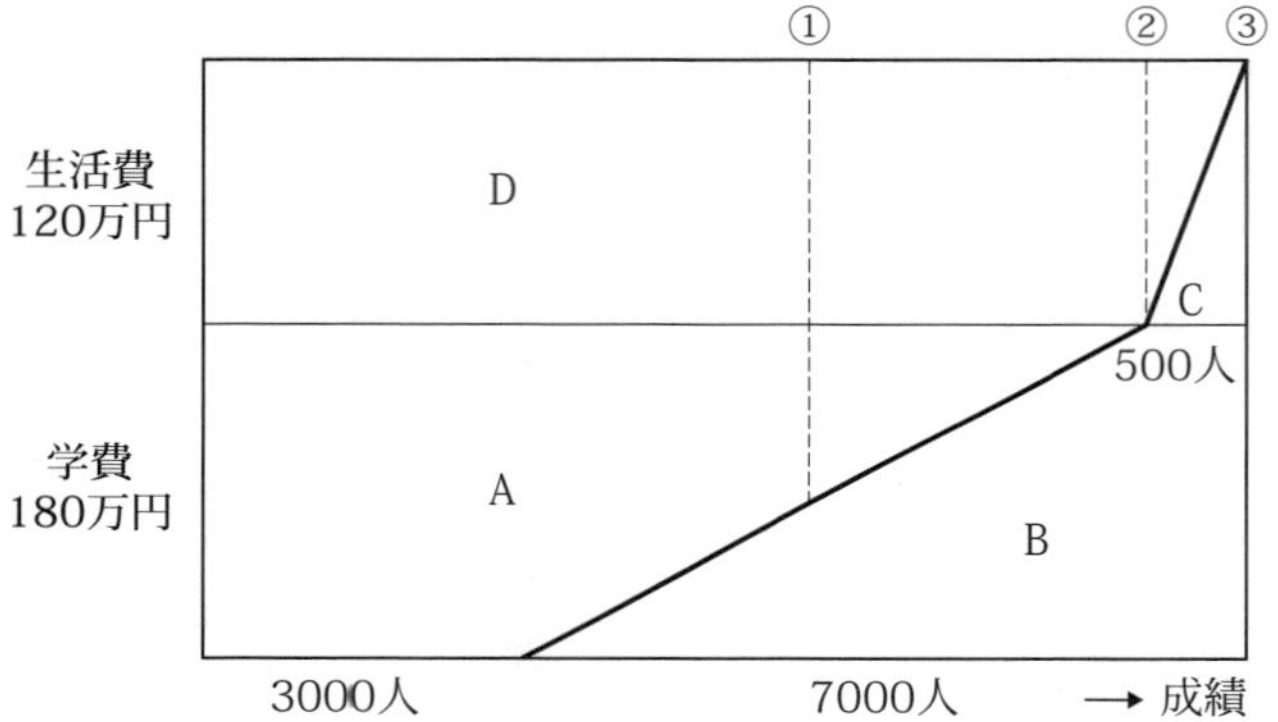

計算例を、『選択・責任・連帯の教育改革〔完全版〕』（勁草書房、一九九九年）から、掲げておきます。（図は、学生総数一万人の大学で、成績上位七〇〇〇人には成績に応じて奨学金を支給。成績優良であるほど支給額は増え、上位五〇〇人目の学生は学費全額免除（②）。それより成績のよい学生には生活費も給付される（③）。成績が上位三分の一程度の学生は学費が半額免除（①）となる。）

学生は、大学教育の受益者です。人生が豊かになるばかりか、専門的な職業について、所得も高まります。受益者なのですから、このコストを負担すべきです。ただし、学生は手元の資金がない。そこで、貸与して、将来の所得から返済すればよいのです。

成績優秀者や、貧困家庭の出身者は、奨学金を、貸与でなく給付するのがよいでしょう。その判断は、個々の学生についての情報をもっていて、教育にも責任を負っている、大学が下すべきです。大学の奨学金だから、大学への愛着が生まれます。間違っても、「年間所得三八〇万円以下」みたいに、国が一律に決めるべきではありません。そんな「無償化」では、学生は誇りが持てず、教育効果が期待できません。

大学入試はいらない

さて日本で、大学入試がこんなに意味をもってしまっているのは、大学教育が「空洞化」している証拠です。

大学入試の難しさは、個々の大学がコントロールできません。全体の序列のなかで、集合的に決まります。なので、学生の学力評価の、客観的な指標になるのです。大学での成績（優がいくつ、のような）は、社会に信用されません。大学は、これに代わる指標を提供できていません。企業は、これに代わる人材評価の基準をもちません。そこで、大学の入試偏差値のたぐいが、ひとり歩きするのです。

＊

アメリカの大学に、入試はありません。書類審査です。卒業したあとでは、大学の卒業証書と、在学中の成績。そして、大学でどんな奨学金をもらったか、が指標になります。大学のアカデミック・ランキングも、第三者機関による詳細な報告が、毎年公表されます。

これらと、学生の自己申告書類によって、人材の選抜ができるのです。

高校の学力しか反映しない入試にくらべて、このやり方は、大学でのパフォーマンスを評価するので、学生の動機を高め、高等教育を活性化する効果があります。

＊

少子化が進み、人数の点では、大学全入の時代になりました。入試はなしですむのです。入試に代わる、指標があればよい。それは、大学教育の達成度をはかる、外部指標です。大学入試という重しがなくなれば、高校以下の教育を再生させることができます。

アメリカの私立大学は、満額の学費を払えば、入学はまあ容易です。（入学したあとちゃんと勉強しないと、もちろん、卒業できません。）そういうリッチな子どもが、ほかの大勢の学生を支えているから、それでよいのです。日本でもおんなじやり方を、やればすぐできます。

＊

大学改革の邪魔になるのは、学生定員です。（学生定員は、文部科学省が、うるさく管理しています。）大学の設置基準です。国立大学への運営費交付金や、私学助成金です。文部科学省が、金を出し、規制し、口を出します。これらはすべて、不要です。アメリカに、文科省高等教育局みたいな部署はありません。大学が機能するのに、官僚の出番はありません。どうしても税金を出したければ、学生一人ひとりに、バウチャー（本人の学費にだけ使える金券）を与えて、自由に大学を選ばせればよいのです。

教育の哲学

政治家が、教育についてのべた、まともな提案をみたことがありません。

残念ながらたいていの政治家は、教育の本質を知らない。教育の実態を知らない。教育の哲学もないのです。

政治にできるのは、補助金を出すこと。税金をとること。法令で規制をかける（あるいは、かけていたのをやめる）こと。この三つです。そして、三つしかありません。絶妙なやり方で、絶妙なタイミングで、この三つを組み合わせれば、教育は生き返ります。けれども、教育の本質を知らず、教育の実態を知らず、教育の哲学をもたないのに、下手にいじくると、かえって混乱を深め、教育を破壊してしまいます。それならむしろ、何もしないほうがまだましです。

＊

教育は、人びとの自主的な努力です。親は、子どもによい教育を受けさせたいと願っています。子どもは、個性にあった教育を受け、社会で活躍したいと願っています。教員は、よりよい環境を整え、できるだけの知識や技術をさずけ、子どもや学生の可能性を引き出したいと願っています。

教育は、人びとの自主的な努力と合意の集積であるという点で、市場と似通っています。市場と相性がよいと言えます。

この自助努力を妨害しないこと。ほんとうに必要な支援だけを与えること。これが、すべてです。行政府（権力）はそれ以上、教育に関与すべきではないのです。

＊

必要な支援とは何でしょうか。

高等学校までは、学校の経費を税金でまかない、学費を無料にすること。自宅から通えれば、経費は安くてすみます。学区をなくしたり、チャータースクール（許可をえて自由に設立する公立学校）を増やしたり、高校卒業資格にあたる外部試験を用意したりすることも、高校教育の質を向上させるのに役立ちます。

大学では、国立大学の交付金や私学助成金など、政府から大学に直接支払うタイプの補助金をなしにすること。その代わり、経済的条件に恵まれない家庭の出身者や、成績優秀者に対して、奨学金（学費バウチャー）を支給します。人びとによる大学への寄付も、ほぼ納税と同じ扱いにして優遇します。さまざまな規制をなくし、大学の経営を自由化します。

もっと詳しい改革のプランは、『選択・責任・連帯の教育改革』に具体的に書いてあります。二〇年前の提案ですが、ほぼそのまま、いまでも有効です。

研究で世界をリードできるか

大学は、教育と研究の、二つの側面をもっています。

研究でもすぐれた実績をもつ大学は、ごく一部の有力大学です。けれども、こうした大学の研究水準が、日本全体の活力の源泉になります。そして、世界の人びとを幸福にする、新たな価値をうみだすことになります。

＊

大学の経営（アカデミック・マネジメント）は、日本人のもっとも苦手な分野です。

そもそもそういう職能があることさえ、認識されていません。

大学の制度を整え、資源を配分して、教育や研究が十分に成果をあげるような意思決定をする。これが、アカデミック・マネジメントです。

その根幹は、まず人事です。公平な競争が必要です。

日本の大学は、終身ポストが多すぎます。凡庸な学者でも有力大学の出身だったりすると、そんなポストについてしまいます。いったんそういう失敗人事をすると、その人物が三〇年間居すわり、彼の周辺ではすべてが停滞します。アメリカの大学のように、終身ポストはコアになる教員に限るべきです。

つぎに研究資金です。アメリカには、財団がいくつもあって、専門家が厳しく審査し、研究費を配分します。研究費がえられないと、研究室は閉鎖になり、ポストも消えてしまいます。

日本の国立大学はここ一〇年、予算が横ばいなので、文部科学省は、運営費補助金を毎年数%ずつ減らし、その分を「競争的資金」と称して、別途に配っています。この資金を獲得するには、分厚い書類をせっせと作文しないといけません。教員はかなりの時間をこの種の作文に費やし、本業に身を入れる時間がありません。

さらに国際化です。国際化とは、世界から優秀な人材が集まることです。

アメリカはすでにこれが、理想的に実現しています。英語が世界標準だからです。日本の大学は、この点不利です。けれども、言葉以外の障害も、山のようにあるのです。こちらのほうが、国際化の本当の障害になります。これをまず片づけ、授業や会議が英語でも行なえるようになって、日本の大学が世界の人びとにとって居心地よい場所になれば、日本の大学はぐんとレヴェルがアップします。

*

大学の国際化をどう進めればいいか、ここ二〇年ほど私自身、さんざん工夫し研究もしました。国際化と言うと、いちおうみな賛成します。しかしいざ具現化しようとすると、至るところに抵抗勢力が現れます。

大学はもともと、国際機関でした。ヨーロッパでは当たり前のこの常識が、日本ではなかなか通用しません。日本の政治家も官僚も、すぐ「政府の言うことをきけ」という態度になります。国際機関である大学が、ローカルな存在である政府の言うことを聞くいわれはないのです。これぐらい、アカデミック・マネジメントと正反対のことはありません。

大学が自立する。これが、大学の再生の、第一歩なのです。

第8講

年金

老後の保障

ではつぎに、年金について考えてみましょう。

年金は、老後の生活を保障する仕組みのひとつです。

元気に働けるうちはよいけれど、高齢になると、だんだん働けなくなります。そのときにどうやって、収入を確保するか。

*

人間が生命を支えるのに、食べるものとか、衣類とか住居とか、物質的な条件が欠かせません。そうした、物質的条件を整える活動が、労働です。その全体が、経済です。

経済はいま、市場経済で動いています。その原則を考えてみると、第一に、自分の生活は自分で支えること。自分の労働力を売ったり、自分の労働によって生み出した成果（製品）を売ったりして、収入をえて、生活を支えます。市場では、人びとが合意にもとづいて、資源を交換するのでした。市場では、自分が生きていくための物質的な条件を、すべて自分で手配しなければいけません。

*

市場の原則に合わないのが、税でした。税については、すでに話しました。合意によらないで、資源を政府に移転する。その資源を、すべての人びとのために使う。これを、公共といいます。公共の要素がないと、実は、市場はうまく動きません。実は、市場（合意にもとづく資源の移動）と、税（強制にもとづく資源の移動）とは、ペアになっているのです。

家族のネットワーク

さて、年金は、市場と税の中間のような性格をもちます。

それはなぜか。順番に説明して行きましょう。

*

働けなくなった高齢者の生活を、どう保障するか。

昔は、家族がその役割を担っていました。家族については、第10講で詳しく説明しますが、身近なひと（子どもや、きょうだいや、…）が、高齢者の物質的な条件を提供する。贈与する、というやり方です。

高齢者も働かないが、小さな子どもも働かない。家族は、この両方の面倒をみます。子どもの生活を支えるのは、育児。高齢者の生活を支えるのは、孝行とか、介護。この両方をやるのが、家族です。

これは、親は子どもに贈与して（育児）、そのぶん、子どもは親に贈与する（介護）、という仕組みなわけですね。親に育ててもらったから、自分は子どもを育てる。親に育ててもらったから、自分の親の面倒をみる。こうして、贈与が鎖のように続いていくのが、家族の本質です。

＊

伝統社会はだいたい、こういうやり方でした。

これがうまく行くためには、家族の結びつきを強く固めておかないといけません。相手を思う気持ちもさることながら、それが義務になるのです。場合によると、親とおおぜいの子どもの面倒を一度にみて、働く現役世代の負担がとても大きくなります。それに、すべてのひとに均等に子どもがいるとは限りません。子どもがいないひともいる。子どもがひとりで、両親二人の面倒をみなければならない場合もある。

だから、このシステムで老後の問題を解決するには、実の親でなくて親戚でもいいので、多少のつながりがあるひとなら面倒をみます、という文化が普及していると都合がいい。

でもこれは、心理的に負担も大きい。親戚のおじさんやおばさんには、子どものころに世話になっていませんからね。じっさい、社会が発展していくと、このやり方はだんだん影を潜めていく。現代社会はこういうやり方ではなくなっています。

貯蓄して老後に備える

家族に頼れないなら、では、どうしましょう？

貯蓄が、選択肢になります。

現役世代のあいだに、老後に備え、生活を切り詰めて貯金をする。退職したり、仕事ができなくなったりしたら、貯金を取り崩して、生活することになります。

理想的なのは、アパートを建てるなどすることです。そうすれば、家賃収入が入ります。昔だったら、農地を買って、小作に出すなどのやり方もありました。

＊

でも、こうしたことができるのは、ごく一部のひとです。

世の中には、ちょっと手元にお金があると、呑んだくれて暴れたり、ギャンブルにつぎ込んだり、気前よく使ってしまったり、事業に手を出して失敗したりするひとも多いのです。

いよいよ働けなくなったときに、貯金がない、資産もない。そんなひとの老後は、困ったことになります。

そうならないよう、たいていのひとは、ちゃんと貯金して、老後に備えようとします。

それでも、貯蓄には、問題点がある。どういうことでしょう。

貯蓄のムダ

いちばんの問題点は、何歳まで生きるのか、本人にもわからないことです。何歳まで生きるかによって、必要な生活費は変わってきます。働けなくなって五年か一〇年で死んでしまうのなら、生活費はあんまりかかりません。でもうんと長生きすると、かなりの生活費がかかります。

かりに一年間の生活費が、二〇〇万円だとします。八〇歳で死ぬと思ったら、一〇〇歳まで長生きした。すると四〇〇〇万円も、余計に生活費がかかります。途中で貯金がゼロになったら大変です。これに備えておこうとすると、いくら貯金をしても足りません。

そうすると、どうなるか。

みんながせっせと貯金をする。でも実際には、そこまで長生きしないひとも多いのです。そこで、全体としては貯金しすぎになって、貯蓄を残したまま死ぬひとがかなりの数にのぼることになります。

老後を有意義に暮らすためには、ある程度の消費は必要です。でもそれを抑えて、切り詰めに切り詰めた生活を送る。そして、貯蓄を残したまま死んでしまうのは、合理的ではありません。

何歳まで生きる

一人ひとりが貯蓄で、めいめいの老後をまかなおうとすると、このようになります。

では、ちょうどよい貯金の仕方はないものでしょうか。

＊

さて、三人の高齢者がいました。ひとりは七〇歳で、もうひとりは八〇歳で、最後のひとりは九〇歳で、亡くなりました。

三人とも、九〇歳まで生きるつもりで貯金をしていました。九〇歳で亡くなったひとはちょうどよかったが、七〇歳で亡くなったひと、八〇歳でなくなったひとは、余計に貯金していたことになって、貯金があまりますね。あまった貯金は、子どもが相続して、不労所得になってしまいます。

ではこの場合、どれだけ貯金しておけば、ちょうどよかったのか。

八〇歳でしょう。三人で約束しておけばよいのです。三人の貯金をプールしておいて、長生きのひとに融通する。早く死ぬと損するようですが、誰が早く死んで誰が長生きするか、事前にわからないので、これでよいのです。そして、約束した結果、三人とも貯蓄を一〇年分節約できるので、みんなに利益があります。一人ひとりが何歳まで生きるかわからなくても、大勢集まれば平均寿命がわかります。平均寿命まで生きると予定して、貯金をすればよいのです。

年金はどういう契約か

以上で、年金の仕組みがだいたいわかったと思います。

年金は、大勢の人びとが加入する、助け合いの仕組みです。

年金に加入したひとは、毎月掛け金を支払います。ふつう、若いうちに加入して、働いているあいだずっと、掛け金を払い続けます。そして、年金を受け取る資格ができたら、受給年齢（いま日本では、六五歳）になると、毎月年金を死ぬまで受け取ることができます。

生きているあいだは、何歳になっても、年金を受け取ることができる。死んでしまえば、年金は受け取れません。（配偶者がいれば、配偶者が受け取れることになっている年金もあります。）「長生きしても、生活費がずっと受け取れる」のが、年金の本質です。

＊

年金は、貯金ではありません。

貯金は、銀行に預金します。預けたお金は自分の名義で、自分のものです。それを毎月、取り崩すと、取り崩しているあいだは年金のようですが、残高がなくなればおしまいです。貯金は、いまの自分が、将来の自分に支払うのです。助け合いではありません。

年金は、年金機構に掛け金を支払います。支払った掛け金は、いったん自分のものではなくなって、年金機構にプールされます。掛け金を払い終え、受給年齢に達すると、年金が支払われます。貯金ではないので、支払った掛け金と受け取れる年金の額は、対応しません。年金の受給が始まる前に、死んでしまえば、どんなに掛け金を支払っても、受取額はゼロです。うんと長生きすれば、年金の受取額は、掛け金を大幅に上回ります。長生きするほど、得なのです。

長生きしたひとは、長生きしたうえに、年金までもらえて、なんだか不公平のようです。けれども、これでよいのです。これが、年金です。

年金に加入したひとは、年金の受給資格があるだけ。それは自分の財産ではありません。なので、質入れも、譲渡もできません。受給資格は、生きている限り所定の年金を受け取れる、という年金機構との約束です。

年金は貯金より得

年金が、働く人びとの支払う掛け金だけで運営されているなら、集団としてみると、貯金とよく似ています。受取額の平均は、貯金した場合とだいたい同じになるでしょう。でも、年金は、働く人びとにとって、貯金よりずっと有利な制度です。それは、働く人びとを雇う企業も、掛け金を支払うからです。（企業はもちろん、年金を受け取りません。）かりに、働くひとの掛け金と企業の掛け金が同額であるとすると、貯金にくらべて二倍有利な仕組みになります。

*

企業はなぜ、年金を受け取れないのに、年金に参加して掛け金を支払うのでしょうか。それは、政府が命じて、そのように企業に強制しているからです。法律で、企業は、年金に参加することを義務づけられています。年金の事務を処理する、社会保険の担当者も置かなければなりません。年金の仕組みが整うと、勤労者が安心して働くことができ、企業も間接的に利益をうるのです。

市場と税の中間

政府が制度を設計し、働く人びとや企業を残らず巻き込んでつくる年金を、公的年金といいます。企業は掛け金を、支払うことを政府に命じられるので、税金のようです。日本では、税額と社会保障費用を分けて考えますが、国によっては、まとめて税金と考えます。「租税負担率」(所得のうち、税や社会保障の費用として、どれぐらいの割合を支払うか)を計算するときには、税金だけでなく年金の費用も加えるほうが、実態に即しています。(租税負担率と社会保障負担率を合わせて、国民負担率といいます。)

*

政府と関係なしに、企業が従業員と相談してつくる、年金のような仕組みもあります。これを、企業年金といいます。

企業年金は、企業が自発的につくる仕組みです。この仕組みによって、従業員がやる気になったり、退職金を低めに抑えることができたり、優秀な人材を採用できたりして、企業にもメリットがあります。企業年金は、市場メカニズムの一環であるとも言えるでしょう。

*

では年金は、企業に任せて、政府はなにもしなくてよいのでしょうか。

そうは行きません。企業に勤めず、自分ひとりで働く自営業者のような人びともいます。

年金に関心のない企業もあります。すべての働く人びとに年金に加入するチャンスを与えるには、政府が年金の仕組みを用意する必要があります。

こうしてできあがった公的年金は、強制的な掛け金をもとに政府が提供する公共サーヴィス、という性質をもつことになります。よって、年金は、「市場と税の中間」の性質をもつことになるのです。

年金が破綻したら

そこで、どういう年金をどのように設計すればよいか、年金をどのように運営すればよいかは、重要な政治のテーマになります。なぜなら、市場に任せておいたのでは、全員が加入できる年金は、いつまで経ってもできあがらないからです。

＊

そこで、極端なケースとして、年金が破綻したらどうなるかを考えてみましょう。

年金は、収入（個人や企業から掛け金がいくら入ってくるか）と支出（どれだけ年金を支払うか）がバランスしていないと、維持できません。収入よりも支出が多い状態が長く続くと、年金会計は赤字になり、ついには運営できなくなって、年金は破綻してしまいます。

年金が破綻するとは、どういうことでしょう。

年金の制度が始まり、掛け金がプールされていくのが先で、年金の支払いはそれより後です。年金機構は、集まったかなりの金額をプールしていて、債券を買うなどして運用し、余裕があるのが正常です。しばらくすると、掛け金の入金と年金の支払いがだいたいバランスするようになって、年金の制度が持続できます。なにかの理由で、掛け金のプール（基金）が底をつき、年金の支払いを続けられなくなるのが、年金の破綻です。

どういう理由で、年金が破綻するのでしょう。

目先の人気取りに走る場合。最初、掛け金はプールされるばかりで、余裕があるようにみえるので、気前よく年金の支給額を増やしたり、受給資格のないはずのひとにも支給したりしがちです。日本の場合は、掛け金を払っていない専業主婦にも、高齢だからと、年金を気前よく支給したりしました。年金が増えれば、受給者は喜ぶので、選挙の票になります。政治家は、目先を考えてバラ撒きをしたくなるのです。

年金基金の運用に失敗する場合。プールしたお金は、年金の原資ですから、安全確実に運用しなければならないのですが、年金機構の職員が運用のプロとは限りません。うまく運用してあげるよ、といろいろな業者が寄ってきます。債券が暴落したり、投資が回収不能になったり、外国で運用して為替差損を被ったり、インフレで基金が目減りしたり、いろんな理由で巨額の基金が消えてしまいます。年金機構の職員は、ひとのお金を預かって運用しているだけですから、失敗したなあ、困ったなあと思うだけで、弁償してはくれません。

人口構成が変化する場合。最初のうち、掛け金を支払う働く世代の人びとが大勢で、年金を受け取る高齢者は人数が少なかった。ところが、少子高齢化が進み、気がついてみたら、掛け金を支払う世代の人びとが減って、年金を受け取る人びとのほうがうんと多くなった。入る金額と出る金額が釣り合わなくて、持続できなくなります。

どの場合も、長期見通しの甘さが原因です。

＊

年金の破綻を防ごうと思えば、掛け金を増やすか、支給額を減らすか、どちらかです。掛け金を増やすのは、働く世代の人びとの負担を増やし、生活を圧迫するので、実際には無理です。ならば、支給額を減らす以外に、ないのです。

年金の支給額が減ってしまうと、高齢者が生活に困ります。けれども、このほうが害が少ない。生活に困らない高齢者も、多いのです。そういう人びとに、支給額を増やす必要はありません。全体として支給額を減らし、それでは生活に困る人びとにだけ、別に（たとえば生活保護やフードスタンプのような仕組みで）支給するほうが、全体の費用が少なくてすみます。そして、額が減っても支給されるほうが、年金が破綻する（支給がゼロになる）よりも、はるかにましです。

＊

日本では、年金の破綻を防ぐのに、掛け金を増やさず、支給額も減らさず、基金に税金を注ぎ込んで帳尻をあわせています。その場しのぎです。

年金は、独立会計であるべきなのに、年金の支払いに一般会計の税金をあてるのは、話が違ってきます。そして、年金が破綻するかわりに、財政が破綻して、もっと問題が大きくなるだけだと思います。

年金の不公平

年金には、いろいろな不公平があるように感じます。

年金の掛け金は、所得に応じて支払うので、稼ぎのよいひとは保険料の支払いも多くなります。でも、受け取る段になると、そこまで年金の額は多くありません。これは、不公平ではないのか。

年金を、貯金のようなものだと思うから、そう感じるのです。年金は、貯金ではなくて、人びとのあいだの助け合いです。掛け金は、能力に応じて支払います。年金は、必要に応じて、標準的な生活費を受け取ります。これでよいのです。(自分が貯蓄して自分が受け取る個人年金は、話が別です。)

年金は、長生きすると得で、早く死ぬと損です。これでいいのかなあという気がします。でもこれは、年金の本質なので、不公平だと文句を言うべきではありません。このことは、さっき説明しました。

*

年金には、受給資格の決まりがあって、条件を満たさないと、年金が受け取れません。つい最近まで、日本では、二五年加入していないと、年金が受け取れませんでした。二〇年や二四年では、ずっと掛け金を支払っていても、支払い損で、受け取れないのです。これは、とてもよくない仕組みでした。なので、必要な加入期間が短くなりました。よいことだと思います。

最初、二五年に決めたのは、終身雇用が一般的だったこともあり、みんなちゃんと年金に加入してください、という意味だったと思います。意地悪のつもりはなかったのでしょう。けれども、こういうやり方は、時代に合わないと思います。外国の企業で働いて日本に転職するひとの場合、これまで年金の掛け金を払っていません。転職したあとは、掛け金を払うのですが、払い損です。年金制度があるおかげで、生活が圧迫されてしまうのです。日本への転職をためらうことにもなります。日本経済の損失です。

外国の人びとだけの問題ではありません。日本人も、しばらく海外の企業で働いてみようと思うと、年金から外れてしまいます。（別枠で国民年金に加入して、保険料の支払いを続けるしかありません。）こういう差別をなくすため、条件をゆるめるのがよい。アメリカのある州では、一〇年間州の仕事をしただけで、年金の受給資格が発生します。額が少なくても、将来の足しになります。二五年よりだいぶましです。

＊

年金は、働く世代が退職した高齢者をまとめて支える、という制度です。みんながめいめい貯蓄するよりまし、なら存在理由があります。互いを見比べて不公平だと、細かなことを言い立てても仕方がないのです。

世代間の不公平

年金をめぐる不公平で、いまいちばん解決を迫られているのは、世代間の不公平です。いま年金を受けているか、これからすぐ給付される世代は、まだ年金基金のプールが残っているので、それなりの給付が受けられます。でも掛け金を支払う人びとの人数が少子化で減っているので、プールはやがて空っぽになります。その人びとが将来、いざ年金を受給しようとすると、いまの半分か、三分の一ぐらいの給付しか受けられなくなるかもしれません。

これは、ほっておけない不公平です。どうすればいいか。

＊

打つべき手はただひとつ。将来世代の給付額があまりにも低くなってしまわないように、現在世代の給付額をいますぐばっさり切り下げることです。そうすれば、基金の収支が改善して、将来世代の給付額を増やすことができる。将来世代の給付額と、現在世代の給付額が「ほぼ同じ」になることが望ましい。

と言うと、現在世代が猛反対します。直前の世代はたっぷり年金をもらっていたのに、なぜ自分たちの給付が急に減らされるのか。不公平ではないか。

たしかに不公平です。でも、もう支払ってしまった年金を、いまさら取り戻すことはできません。いまできるのは、いまのこと、そしてこれからのこと。いま年金の原資を、掛け金で支払っている将来世代を犠牲にして、現在世代がこれまで通りの給付をしてください、と言うのが無理なのです。

年金のリセット

打つべき手はただひとつ。でも、高齢者を中心に、大変な抵抗を受けるでしょう。そんな提案をした政党は、選挙で議席を失い、いままで通りの大盤振る舞いを約束する政党が政権を握るでしょう。

そうすると、どうなるか。

年金が破綻します。そして、年金をリセットしなければならなくなります。まあ、もっとひどいことになるのです。

＊

年金のリセット。

いままでの年金の制度は、なかったことにして、新しく年金の制度をつくり直します。年金機構の基金に、ちょっとは残高が残っていれば、新しい年金機構に移管します。年金保険料の支払い記録（受給資格のデータ）や、受給者の名簿も、新しい年金機構に移管します。では、どこが違うかというと、年金の支払いのやり方です。

年金に加入している人びとや企業の、掛け金の払い方は、これまでとだいたい同じです。掛け金が、年金機構の基金に入ってきます。でも、年金機構の金庫は空っぽですから、毎年納められた金額を、右から左に、年金の支払いにあてることになります。このやり方なら、年金は持続可能です。

でも、年金の支給額が、大きく減ります。掛け金を支払う人びとよりも、年金を受け取る人びとのほうが多いかもしれません。そこで受給額は、旧《ふる》い年金制度の、三分の一か四分の一ぐらいに減ってしまうかもわかりません。現在世代と将来世代の給付額が「ほぼ同じ」どころか、現在世代の受け取る金額が将来世代よりも、かえって少なくなってしまうのです。

何十年か経つと、大勢いた高齢者がみな死んでしまい、人口構成が正常に戻ります。すると、新しい年金制度のもとでも、ふつうの水準の年金を受け取ることができる程度に、改善するでしょう。

＊

こういう荒療治（年金リセット）を避けたければ、世代間の不公平を正すために、すぐ年金改革に手をつけるべきです。有権者も、現実をよく理解して、無責任なバラマキを公約する政党に、投票しないことが大切です。

年金は公的サーヴィス

年金は、個々人の努力で実現できない、市場メカニズムでも実現できない、政府だけが提供できる、公的サーヴィスのひとつです。政治は、年金の仕組みを整え、働く人びとが安心して老後を送ることができるように、最善をつくす責任があります。

＊

年金は、人びとが人生をいかに生きるか、という哲学がしっかりしていないと、仕組みを整えることができません。しっかりした哲学をつくるには、議論すればよく、頭を使うだけで、お金はほとんどかかりません。日本人はこれまで、人任せで、自分の頭で年金のことを考える努力を怠っていなかったでしょうか。

年金は、政治の大事なテーマのひとつです。年金の仕組みや、制度の問題点を見抜いて、政治の場に明確に自分の意思を伝えることが大事なのです。

第9講

医療保険

医療保険とは

つぎに、人びとの健康を支える、医療保険について考えましょう。

＊

年金と、医療保険は、人びとの生活を支えるものなので、社会保険とひとくくりにされます。でもその性質が、少し違います。

年金は、貯蓄がもとになっています。契約して、人びとの貯蓄を束ね、生存者に支給します。貯蓄と同じで、支払うのは現在で、受け取るのは将来。時間軸の方向に伸びた仕組みです。前章（第8章）でのべた通りです。

これに対して医療保険は、保険の一種です。保険は、支払うのは現在で、受け取るのも現在。時間軸の方向に伸びておらず、年度ごとに完結します。そこで、現在世代と将来世代の矛盾も、考えなくてよいのです。

保険の仕組み

保険は、船で貿易をする、イギリスで始まった仕組みと考えられます。

船は、高価なので、大勢が出資して航海を計画しました。積み荷を買って積み込み、乗組員も雇います。無事に船が戻ってくれば、航海は成功で、儲かります。けれども、遭難したりして戻ってこない場合、大損害を被ります。出資したひとは、破産してしまうかもしれません。

*

出港するときには、どの船が戻ってくるのか、わかりません。どの船も、リスクを負っています。あとで、どの船が帰港して、どの船が帰港しなかったか、わかります。

そこで保険会社は、こんな商売をします。出資者の皆さん、保険料を払ってください。万一、船が戻ってこなかったら、損害を、保険会社が補償して、保険金を支払います。ですから、保険料を払っておけば、安心ですよ。

これは船に関する、損害保険です。ほかに、火災保険や、生命保険、障害保険などがあります。保険料を支払うのは、損のようですが、事故が起きなくて、利益があったのだから、それでよいのです。

このように、リスクを分散して、助け合う仕組みが、保険です。

*

保険金を受け取ろうと、わざと船を沈めるひとは、ふつういません。いれば、保険金詐欺です。保険会社は、価値のないものに、巨額すぎる保険がかけられないように、注意しています。

医療保険

医療保険も、仕組みは損害保険と同じです。

病気になって入院したり、手術を受けたりするひとがいます。健康で医者にかからないひともいます。入院や手術は費用がかかります。

＊

そこで、医療保険は、こう提案します。医療保険に加入して、保険料を払って下さい。そうすれば、診察や投薬や入院や手術にかかる費用の、一部を医療保険が負担しますよ。残りは、自己負担してくださいね。

病気や怪我《けが》をしたうえに、医療費も全額払ったのでは、泣き面にハチです。そこで、病気にならなかったひとを含む全員が保険料を支払い、それをプールして、医療費の支払いにあてるのです。みんな、自分のことを考えて、医療保険に加入するのですが、結果的に、健康なひとが、運悪く病気や怪我で医療を受けたひとの費用（の一部）を負担する、助け合いの仕組みになっています。

国民皆保険

さて、損害保険や生命保険は、民間の保険会社が引き受けています。保険に加入していないひとも、多くいます。

それに対して、日本の医療保険は、政府が関与して、すべての人びとが加入することを原則にしています。こうした保険を、国民皆保険といいます。

ずっと昔、日本では、民間の保険組合が医療保険をスタートさせましたが、貧しい人びとは保険に加入するどころではなく、普及に時間がかかりました。ナチスドイツは、健康であることは国民の義務であるとして、厚生省をつくり、医療保険を充実させました。日本も真似をしました。しかし、戦争の混乱で、機能しませんでした。

戦後、政府が医療保険の普及を進め、国民健康保険の制度ができて、国民皆保険が実現しました。西欧諸国をはじめ多くの先進国では、医療保険はすべての人びとをカヴァーしています。

オバマ・ケア

いっぽうアメリカは、医療保険が立ち遅れ、無保険の人びとが大勢いました。

なぜ医療保険の普及が遅れたのでしょうか。政府が、保険への加入を義務づけ、保険料の支払いを強制するやり方に、反対が根強いのです。政府は余計なことをすべきでないという小さな政府論者（自由主義者）や、リバタリアン的な考え方を、支持する人びとも大勢います。

アメリカの医療保険は一般に、保険料が高くて、家計には大変な負担です。安定した職場の常勤職員なら、立派な医療保険に入れますが、貧困層の人びとは、無保険のままです。急病で、救急車で病院にかつぎ込まれると、自己負担がない。少々具合が悪くても、それまで我慢して待つしかない、という声を聞きます。

＊

マサチューセッツ州で一〇年ほど前、共和党のロムニー知事が、医療保険制度を改革し、皆保険を実現しました。画期的な成果です。

まず、法律をつくり、医療保険に加入することを人びとに義務づけました。保険会社は、保険料とサーヴィスの異なるさまざまなプランを用意し、売り出します。人びとはそのなかから、ちょうどよいものを選んで購入します。高齢者や障害者のための格安の保険や、介護サーヴィスも用意されています。

＊

このプランがなかなかよいというので、そっくり真似をし、全米各州に拡大したのが、オバマ大統領の推進したオバマ・ケアです。いろいろ混乱もありました。それでもともかく、オバマ・ケアが実施されたおかげで、何千万人もの無保険者が、医療保険を受けられるようになったと言います。

貧困層も加入できるプランは、中所得層の保険料負担が大きくなります。保険会社も、商売なので、採算がとれないと困ります。いままで加入していたプランが廃止になり、新しいプランになったら、保険料が大幅に値上げになって、破産した中所得層のひともいて、ニュースになっています。オバマ・ケアは、中所得層の人びとに負担がしわ寄せされる傾向があって、必ずしも評判がよくないのです。

トランプ大統領は、オバマ・ケアの廃止を、公約に掲げました。中所得層の人びとや、連邦政府のやり方がとにかくいちいち気に喰わない人びとの支持を集めました。

けれども、民主党と共和党が協力してせっかくつくったオバマ・ケアを、まるきりなしにはできないと、議会が抵抗しています。トランプの顔を立てて、少々手直しするとしても、オバマ・ケアの骨格は維持されるだろうと思います。

医療保険は福祉の基本

アメリカを別にすれば、世界の先進国では、全員加入の行き届いた医療保険を、政府が責任をもって提供するのが当たり前です。

北欧諸国はとくに、この方面の福祉が進んでいて、病気になっても心配ありません。

＊

政府の役割は、何かと言うと、医療保険の財源を手当てすることです。

全員加入の医療保険は、市場に任せておいたのでは、うまく行きません。所得が低くて保険料を十分支払えないひとも、受診料の一部を負担するだけで、十分な医療が受けられることが、制度の目玉だからです。そして、医療をとくに必要とするのは、年金で生活している高齢者です。このため、すべての医療費をまかなうのに、十分な財源が必要になるのです。

財源の中心は、働く世代の負担する保険料、それに加えて、企業の負担金。これでも足りなければ、税金を注ぎ込みます。ヨーロッパ各国で、消費税が軒並み高くなっているのは、このためです。

医療保険は再配分

医療保険の医療費はたいていの場合、負担能力（所得）に応じて、支払うことになっています。消費税も、消費額に比例して課税されるので、所得の多いひとほど負担も大きくなります。ふつう、所得と消費は比例するからです。

いっぽう、医療サーヴィスを受けるのは、病気になったひと。ガンや糖尿病になれば、所得と関係なく、標準的な治療を受けると誰でもだいたい同じ費用がかかります。その一部を、患者が負担し、残りを保険機構が支払います。

以上をまとめると、保険料の支払いは所得に応じて。医療サーヴィスを受けるのは必要に応じて。経済的に余裕のある人びとほど多めに保険料を支払って医療保険を支え、すべての人びとにほぼ同等の医療サーヴィスを提供する、という仕組みなのです。高所得のひとから低所得のひとに、資源の移転が起こっています。それを、政府が後押ししています。つまり、この仕組みは、社会主義的な政策なのです。

*

福祉はこのように、税金を財源にして、必要な人びとに政府がサーヴィスを提供することなので、社会主義的な政策の側面をもちます。

医療費が増大したら

医療保険の収入が増えないのに、医療費が増大すると、赤字になって、医療保険がやがて維持できなくなります。

どうしたらよいでしょう。

＊

まず、医療費がなぜ増大するのか、その原因を見極めます。

医師の所得が高すぎる、薬価が高すぎる、などの原因があれば、適正な水準にします。ジェネリック（後発医薬品）を使えば、薬価を抑える効果があります。

患者の負担割合が低すぎると、無駄な医療が増える傾向があります。その昔、東京都の美濃部都知事は、老人医療費を無料にしました。こういう意味のないばらまきは、とても不合理で不適切な政策です。

人口構成が変化して高齢者が増えると、医療費が増大します。かつて、高齢者の人口は、全人口の一〇％以下でした。働く世代の人びとの支払う保険料で、高齢者の医療費を十分にまかなうことができました。その後、高齢者の割合が増えて、三〇％にもなる見通しです。これでは、医療費が増えるのは当然です。

医学の進歩で、先端医療が臨床で使えるようになると、やはり医療費が増えます。最初のうちは保険適用外で、患者の自己負担なので、保険の財政に影響ありません。けれどもそのうち、それが定着して保険が適用されるようになると、とたんに医療費がはね上がってしまいます。

わが国の場合、医療費を切り詰められるところはすべて切り詰めたとしても、これから急速に高齢化が進むので、医療費が増加するのは避けられません。

増税しか道はない

医療費が増大するなら、保険の負担も増えます。

患者の自己負担の割合（現行では、三割）を大きくするのは、ひとつの方法ですが、限度があります。

それなら、増大する医療費に合わせて、財源を確保しなければなりません。保険に加入している人びとの保険料を、値上げすることが、まず考えられます。しかし、これにも限度があります。企業の負担にも、限度があります。

とすれば、結局、増税して財源をまかなうしか、ないのです。

＊

税金には、所得税、法人税、消費税、などがあります。

このうち、消費税の増税が、いちばん害が少なくてよいと思います。

当然、増税には反対の声が上がります。医療保険が破綻したら、どういうことになるか、説明して納得してもらうしかありません。

医療保険が破綻したら

医療保険の赤字をそのままにしておくと、医療保険が続けられなくなります。医療保険機構が、解散して、負債を清算することになります。負債は、税金で穴埋めすることになるでしょう。

*

医療保険がないとは、どういうことか。

国民皆保険が崩れて、無保険になる、ということです。

無保険なら、医療費は、全額患者の自己負担になります。これまで三割だったのが、一〇割になります。うっかり病気になれません。なったとしても、十分な治療を受けられません。腎臓透析が受けられなくて死亡したり、高血圧の薬が買えなくて心臓疾患や脳梗塞になったり、骨折しても治療されず放置されたりするということです。多くの人びとが、健康被害を受けます。苦しみます。死ななくてよい人びとが死んでしまいます。生活の質が悪化します。健康な人びとも、不安になります。

これは困るので、政府と無関係に、民間の保険会社が、医療保険を手がけるでしょう。その考え方は、すべての加入者から保険料を徴収して、医療費の支払いにあて、加入者が病気になったときの負担を少なくする、です。所得の相対的に高い人びとを主に加入させて、保険を充実させようとするでしょう。所得の相対的に低い人びとは、保険料が高すぎて加入できず、置いてきぼりになります。無保険のままに取り残されます。

低所得の人びとを中心に、医者にかかれない無保険者が大勢いる、かつてのアメリカのようになるのです。

*

これは、あまりにひどい。

このような状態は、避けたい。

それなら、歯を喰いしばって、医療保険の財政を支えなければなりません。医療保険はただちに、ひとの生き死にに関わるからです。

医療は、病院や開業医など、個々の事業者が行ないます。市場を通じた、通常の市民の活動です。でも、市場だけでは、弱者が十分な医療を受けられなくなる。そこで、市場の外側から政府が介入して、医療保険を提供します。これは、必要な活動です。

＊

政府がやることは、社会が必要とする総医療費を、人びとのあいだに割り振るだけ。一部は患者本人が負担し、一部は保険の加入者が毎年の保険料として負担し、一部は企業が従業員の状況に応じて負担します。残りは、税金で埋め合わせます。

結局、かかった医療費を、人びとがみんなで負担しているだけです。互助の仕組みです。政府は、この負担が正しく（公平で公正に）なるように、仕組みを設計して、運営する役目を果たします。

その仕組みの設計に、いろいろな考え方があるでしょう。自己負担を何割にするか。高齢者は負担を割引にすべきか。高額医療費は無料になる仕組みを設けるべきか。難病の治療を無料にすべきか。低所得の人びとの負担を軽くすべきか。……。それが、政策です。それを国民に提案して、説明し、国民の支持を求めるのが、政治家のやることです。

＊

有権者・国民の意思は、投票で表されます。

投票に先立って、十分に、医療保険の仕組みについて理解している必要があります。

この仕組みを理解しようとしないで、保険料が高いとか、消費税の増税はいやだとか、言う資格はありません。

議論をするのは、投票の前。投票がすんで、社会全体の方針が決まったら、あとは法律に従って、決められた保険料や税金をちゃんと払うのが、市民としての義務なのです。

第10講

家族

市場の外の家族

さて、市場の外側にある政府が、市場に対して、どういう態度をとるかを軸にして、政治の哲学を考えてきました。

たしかに、市場は、社会の重要な部分を占めます。とくに、近代社会では。では、市場だけ考えておけばよいかというと、そうも言えない。市場とは別に、家族というものがあるからです。

*

家族は、あんまり説明するまでもないと思うが、市場より古い。政府より古い。人類の始まりからある集団で、人間に不可欠なものです。人間が幸せであるための、条件のひとつになっていると言ってもよろしい。

では、政府は、家族に対して、どういう態度をとればよいのか。これも、政治の哲学の、もうひとつの軸になると思います。

家族とは何か

そこでいちおう、家族を定義してみましょう。

家族とは、何か。

夫婦がいて、子どもが生まれて、いっしょに暮らしていく。子どもを育てる、生活の基本単位ですね。家族という形態をもっているのは、人間だけです。

＊

類人猿（ゴリラやチンパンジーや…）も、一見すると、家族のような集団をもっているようにみえますが、人間の家族とは違います。この話は、始めると長くなりすぎるので、省略します。

＊

ではなぜ、人間の場合、家族が形成されたのか。

これには、諸説あります。母親が妊娠して子どもが生まれるまでに、一〇カ月かかるのですが、人間の場合、生まれてすぐの子どもが自立できない。少なくとも一、二年は、授乳したり、母親が面倒を見なければならない。新生児が親に依存する度合いが強いのが、人間の特徴です。

すると、母親は、子どもの世話に忙しいので、食糧を手に入れるなど、自活のための活動に支障が出ます。そこで、母親のパートナーである男性が、母親を助けます。父親ですね。父親は、母親と子どもに責任をもちます。外敵から家族を守ったり、食糧を手に入れて来たりする。

ではなぜ、父親に、そうするインセンティヴがあるのでしょうか。ほかに、若いメスはいっぱいいるかもしれないのに。

＊

人間の場合、性周期がない、というもうひとつの特徴があります。

類人猿をはじめ、たいていの動物は、性周期（発情期）というものがあって、オスとメスがセックスするタイミングが決まっています。それ以外のときには、無関心なのです。けれども、人間には、性周期がありません。一年中、セックスが可能です。それだけ、オスとメスの結びつきが、永続的になりやすい、と言えるのです。それは、母親が子育てをしているあいだ、父親が、母親と子どもに関心を持ち続けるのに、大事な誘因になります。

家族と食事

さて、家族の活動で、注目すべきだと思うのは、食事です。

食事。ものを食べることです。家族は、メンバーが集まって、いっしょに食事をします。これは、世界中の家族に共通しています。

動物は、必ずしも、みなで一緒に食事したりしません。食べものを獲得したら、その場で食べてしまいます。何匹かで仕留めた場合は、一緒に食べるでしょうが、食事とは言えません。

*

ヒナや子どもが待っている場合は、親が獲物を持って帰る場合もありますが、これも本能によってそうしているので、人間の食事とは違います。

人間は、料理をします。食料の、皮をむいたり刻んだり、水にさらしたり、火を通したりして、食べやすくしてから、食べます。食事の準備のため、料理をしていれば、そろそろ食事だなと、みなにわかります。

準備ができたら、みんな揃って、食事をする。これが、家族です。

揃って食事をする。自分で食料を手に入れることのできない子どもや老人も、いっしょに食事をします。そうした人びとは、食事をする権利がある。働ける人びとは、家族のために食事を用意する義務がある、のです。

食事のたびに、このことがはっきりします。食事のたびに、これが家族だなと、人びとは心に刻みます。家族は、互いに関心をもち、責任をもちあう仲間です。これが、家族の営みの根源にある。家族の、倫理・道徳ですね。仲が悪くなったり、ケンカをしたり、いがみあったりすることはあっても、この家族の根源は簡単に揺るがない。家族の本質なのですね。

家族の本質

子どもは、ひとりで生きていけません。そこで、親といっしょにいます。子どもは、親を選べません。でも親も、子どもを選べません。気がついたら親子として、いっしょに暮らしています。この家の子は、太郎。あの家の子は、花子。置き換えられるかというと、置き換えられません。家族は互いに、置き換えられない、かけがえのないメンバーです。そのひとでなければダメなつながり。これが、家族の本質です。

＊

ならば家族は、利害や損得で、自分の都合で、結びついているわけではありません。利害や損得や自分の都合は、もちろんあります。けれども、それには還元できない、家族のつながりがあります。これを、愛情と言うひともいます。

家族と市場

食事だけでなく、住居や育児、介護など、家族は生存の基本条件を整える働きをもっています。その働きの最小のユニットで、人びとが協力しあう仕組みなのですね。家族は、市場（マーケット）などよりも、ずっと古い。

＊

市場、つまり、大勢の人びとが交流し、モノを交換する仕組み、ができあがると、家族は市場とつながって、家族の役目を果たそうとします。家業をおこして何かを売って、必要なものを買ったり、家族の誰かが外に働きに出たりします。市場に現れてモノを売り買いする人びとは、みな、家族を背負っています。

社会の単位

人間の社会の特徴は、家族を含むことです。

社会は、人間の集まりです。が、個々人が集まれば、すぐ社会、というわけではありません。個々人が、家族として集まり、家族が集まって社会になる、という二段階になっているのです。

家族は、社会の単位です。家族のことは基本的に家族にまかせ、家族のメンバーでないひとは口を挟みません。社会も口を挟みません。というふうに、家族は自律しています。

＊

家族のあり方は、長いあいだ、伝統や文化によって決まっていました。家族のあり方を自由に選べる、という考え方がありませんでした。

けれども近代社会になると、人びとの自由が社会の基本になります。家族のあり方も、人びとの自由を妨げてはなりません。

では、政府は、家族のあり方に、どのような態度をとればよいのでしょうか。

政府は家族に中立

近代社会で、政府は、立法を行ないます。法律をつくり、社会をコントロールします。法律のなかで、家族に関係するのは、民法です。

民法には、家族法とよばれる条文のかたまりがあり、結婚、離婚、養子、相続、扶養、…などを定めています。家族法のほかにも、戸籍制度（いわゆる戸籍は、日本などアジア諸国にしかありませんが）、税法や労働法など、家族に関係する法律がいろいろあります。

*

法律は、家族のあるあり方を念頭に置いています。すると、そのあり方をはみ出ることができにくくなります。たとえば、子どものいる家族を優遇すると、子どものいない家族や独身のひとが不利になります。離婚の条件を厳しくすると、不本意なまま結婚を続ける夫婦が増えてしまいます。

法律が、重婚や近親婚を認めなかったり、幼児婚を認めなかったりするのは、社会通念に合致していて、問題ありません。

けれども、社会通念や常識と思われていたことのなかには、人びとの考え方や行動が変わって、社会通念や常識とは言えなくなるものもあります。

たとえば、男女の性別。生まれたときに届けた性別と、別な性別として生きる人びと（トランスジェンダー）もいます。いろいろな法律や規定は、男女のどちらかを前提にしているものが多く、とても生きにくくなります。

またたとえば、同性婚。男性同士、女性同士が結婚することは、伝統社会では想定されていませんでした。けれども、人びとの考え方が変わって、法律で同性婚を認める国が増えてきました。人間には、自分の生き方を選ぶ自由がある、法律（政府）はそれを妨げてはいけない、と考えるのです。

性的マイノリティ

ＬＧＢＴという言葉が、市民権をえました。レズビアン、ゲイ、バイセクシュアル、トランスジェンダー、といった性的少数者の人びとを指します。

しばらく前まで、社会は、性的少数者に対して冷淡でした。法律は、多数者を念頭につくられ、少数者は無視されていました。ＬＧＢＴの人びとは、自分に忠実に生きて行こうとしても、それを堂々と公言することもむずかしく、居場所がなかったのです。

＊

アメリカでは、性的少数者をめぐって教会で議論が進み、マサチューセッツ州で二〇〇四年五月に最初の同性結婚が成立しました。以来、各州に拡がり、二〇一三年六月には、同性婚を異性婚と同様に扱うべきとの連邦最高裁の判決も出ています。

アメリカだけではなく、性的マイノリティの人びとの生きやすさを配慮することは、多くの先進国の共通了解になりつつあります

自分がどういう性的アイデンティティをもつかは、個々人の人格と自由の根幹です。政府は、そのことから中立であるべきで、法律を通じて性的少数者に不利益を与えてはならないのです。

夫婦別姓

世界中で多くの民族が、姓（家族名）をもっています。そして、父系の社会が多くなっています。

中国のように、姓が結婚しても変わらない社会もあります。男性も女性も、生まれると父親の姓（周とか張とか王とか…）を与えられ、一生そのままです。結婚しても、姓は変わりません。つまり、夫婦別姓です。

西欧諸国は、姓があり、父系の社会です。そして、結婚すると女性が夫の姓に変わるのがふつうです。この点、中国と異なります。

姓は、自分のアイデンティティの一部なのに、結婚すると変わらなければならない。しかもそれが、主に女性である。むしろ、結婚しても夫婦が別姓のままでよいではないか。この主張が、夫婦別姓です。もっともだというので、夫婦別姓は拡がりつつあります。

夫婦別姓を許さない法律は、この動きを、ストップすることになります。政府は、家族のあり方に中立的であるべきならば、夫婦別姓を許さない法律はさっさと改めたほうがよいでしょう。

＊

日本ではどうでしょう。

日本は江戸時代まで、武士など一部を除けば、大部分のひとに姓などありませんでした。明治になって、戸籍制度ができて、全員姓を名のることになりました。政府が、家族に、特定の考え方を押しつけ、型にはめようとしたのです。明治のイエ制度は、典型的な「つくられた伝統」です。ともかく、こうして、姓のルールは西欧と似たものになりました。

では、夫婦別姓をどう考えればよいのか。

夫婦別姓を選ぶことを、人びとの権利と考えるならば、戸籍制度は、その権利を抑圧しています。政府は中立であるべきなので、戸籍制度を改めるべきだということになります。夫婦別姓は、日本のよき家族の伝統を破壊してしまう、という議論もあります。たしかにイエ制度にはそぐいません。けれども、戦後の憲法や民法には、夫婦別姓のほうがむしろ合うような気もします。

夫婦別姓は、家族の一体感を損なってしまう、という意見もあります。変な意見です。夫婦別姓が家族の一体感を損なうのなら、中国の家族は一体感が損なわれっぱなし、ということになります。あと、あまり知られていないことですが、日本人でも外国人と結婚すれば、夫婦別姓になります。外国人は、戸籍がなく、外国人登録をするだけなので、もとの姓のままだからです。（帰化して日本人になると、戸籍に入り、同姓になるので、話は別です。）だいいち私の家族も、夫婦別姓です（妻が中国籍）。「家族の一体感」なるものがもしもあるとしても、それは、同姓か別姓かにまるで関係ないと思います。

血縁は絶対なのか

同性婚も、異性婚と同じように扱う。のだとすると、同姓婚のカップルも、養子をもらう権利があることになります。

カップルが子どもを養子として、親子になるのは、法律上の身分の変更です。法律（裁判所）が認めなければなりません。その法律をつくるのは、議会の仕事、政治の役目です。選挙のときには、候補者や政党が、そうした問題をどう考え、どういう立場をとっているか、しっかり見定めなければなりません。候補者や政党は、有権者に対して、態度をはっきりさせなければなりません。

*

同性婚と養子の家族は、血縁関係がありません。

もともと夫婦は、異性婚のカップルも、血のつながりはないのです。でも、そのあと子どもが生まれるので、なんとなく家族全体が血縁にもとづいているような気がしていました。同性婚のカップルと養子の家族は、どこにも血のつながりがないので、このことがはっきりするだけです。

家族は、血縁にもとづくものではありません。血縁が家族をうみだすものではない。その逆に、家族が血縁をうみだす、と考えるべきです。

家族は、一部分、選択にもとづき、一部分、選択にもとづかない関係です。そして、選択したとしても、いったん選択したら、その関係は自由に取り消すことのできにくい運命的な関係になります。伝統社会では、特にそうでした。その関係は、相手に責任をもち、必要なサーヴィスを提供する、無期限の重い関係です。その重い関係を受け止め、納得するために、「血のつながり」という観念が生み出されるのです。

この観念は、家族がいくつも集まった、大きな集団（親族集団）をつくり出すのにも、有用でした。

＊

では、血縁を取りのけた家族の本質は、なにか。それは、役割の束、です。家族として暮らし、家族としての役割を果たしたい。そう考える人びとが、家族を構成するのは、自由です。法律は、それを支援すべきで、それを制限すべきではない。これが、これからの家族法の方向だと思います。

もちろん、伝統的とされる家族のあり方に、こだわる人びとがいてもよい。けれども、それは、自由なかたちの家族を否定する理由にはなりません。

子どもにとっていちばん大事なのは、そうした役割の束である、家族のなかで生まれること。そして、自分が望まれ、ありのままに受け入れられている存在として、人生を始められることです。血のつながりは、あってもなくてもよいのです。

福祉と介護

家族をめぐる人びとの行動は、宗教や伝統の影響を受けるので、社会によってまちまちになります。

アメリカでは、宗教の関係もあって、妊娠した未婚の女性は多く出産します。母になる女子高生もめずらしくありません。ヨーロッパでも、妊娠したら出産すべき、と考える人びとが多くいます。結果、母子家庭が増えます。母子家庭の経済的な困難を支え、子どもの生育環境を整えることが、政治の課題となります。

*

離婚が多くても、母子家庭は増えます。母子家庭を支える政策は、経済的な理由のために不本意な結婚を続けなくてよい、という人びとの自由を保証する効果もあります。

ヨーロッパでは、離婚を避けるため、カップルがなかなか結婚せず、同棲したまま家族のように生活するケースが多くなっています。こういう実態がある社会では、法律上の結婚だけに保護の対象を限定する政策をとると、人びとの生き方の自由を阻害する結果になってしまいます。

*

子どもはこのように、なかば自分の意思とは無関係にランダムに、人びとに、家族として養育する責任を与えます。その負担がなだらかになるように、政府が介入するのです。保険にはなじみにくい面があります。母親は年齢が若くて、保険料を支払う余裕がなく、また時間のゆとりもないからです。

老人介護は、子どもの場合と似ています。自分の意思と無関係にランダムに、人びとに、老人を介護する責任がわりふられるからです。あるひとの親は急に死亡してしまい、介護が必要ない。あるひとの親は長期間の、介護が必要になる。人びとの生活が偶然の事情に翻弄されすぎないために、負担をならす必要があります。

老人介護は、子どもの養育にくらべて、保険になじみやすい面があります。働く世代であるうちに保険料を支払う余裕があり、準備の時間もあるからです。そこで、人びと全員が介護保険に加入し、保険料を支払って資金をプールする。介護が必要なひとに、必要の度合いに応じて、その資金（でまかなうサーヴィス）を支給する、という仕組みです。

介護保険を整えることは、年金を補う効果をもつと同時に、介護をする側のリスクと負担を軽減し、人生設計をやりやすくする効果があります。

少子化対策は正しいか

よく、「少子高齢化」とひとまとめに言われます。

少子化と高齢化は、いちおう別のことです。高齢化対策は、「高齢者が増えるので、それを前提に、必要な政策を考えよう」ということ。少子化対策は、「生まれる子どもが減ったので、もっと生んでもらおう」ということ。考え方も違います。

＊

少子化は、適齢世代の人数（a）×結婚する割合（b）×女性一人あたり生まれる子どもの人数（c）、の結果、生まれる子どもが少なくなる現象です。aは、数十年前に決まってしまって、いまさら動かせない。bとcは可変的なので、これを向上させよう（もっと結婚して、もっと子どもを生むように）、というのがいわゆる少子化対策です。

政府は予算をとって、いろいろやっています。効果が不明で、税金の無駄遣いではないかと思えるものもあります。どのような要因が、b、cに影響するのか、よくわからないのです。

でも、それ以前に、ちょっと待ってくれ、と言いたいです。

結婚するかしないか、子どもを何人ほしいと思うか、は人びとが自由に決めることで、誰かにとやかく言われるすじあいはありません。個々人がよりよく人生を生きようと決めた結果の集積が、毎年生まれる子どもの人数になっているわけであって、政府はそれを尊重しなければならない。法律は、この選択から中立であるべきで、政策もまた、この選択から中立であるべきです。

＊

逆に言えば、人びとがほんとうなら結婚したいのに、子どもがもっとほしいのに、いろいろな事情で諦《あきら》めているなら、その事情を改善することは、政策としての意味と正しさがあります。いろいろな事情とは、たとえば、安定した仕事につけないとか、所得が少ないとか、上の学校に行くのに費用がかかりすぎるとか、保育園が足りないとか。こうした事情は、子どもの人数と関係なく、そのひとの生活を苦しくし、人生を損なっているのです。政治は、人びとの生活に直結します。政策のよしあしで、人びとの生活の質や生きやすさは、左右されます。政治の責任は重いのです。政治にたずさわり、政策の立案に関わる人びとは、このことをよくよく肝に銘じなければなりません。

人びとの苦境を改善するために、ある政策を進めたら、その結果、少子化も改善したというのと、少子化を改善しようといろいろ手を打ったら、その結果、人びとの苦境も改善したというのとでは、意味が違います。前者は、まっとうな政策ですが、後者は、人びとの家族のあり方に介入することを目的にしています。政府は、家族のあり方に中立であるべきで、「少子化だから、手を打とう」と考えてはならないのです。

言っていることが、わかりますか。両者は似ていますが、大事な違いです。違いがのみこめないひとは、この部分を、じっくり何回か読み返してください。

なぜ独身なのか

結婚するか、それとも独身でいるか。それは、本人の意思、偶然の事情、経済的・社会的状況などによるでしょう。そして、文化や宗教の違いにも左右されます。

アメリカでは、成人になると、独立することを強く求められます。キック・アウトといって、親に家から追い出されたりします。ひとりでアパートを借りるのは高いので、数人でのルームシェアやシェアハウスがふつうです。結婚も、同じ理由で、安上がりだと言えます。これは、ずっと親元にいてもよく、パラサイト・シングルという言葉まである日本とは対照的です。

*

キリスト教では、神が「結婚はよいことだ」と言ったことになっているので、結婚をして当然という考え方があります。カトリックは、ことにそうです。イスラム教では、神が「男の子が大勢いるのはよいことだ」と言ったことになっていて、なおこの傾向が強いと思います。

コンビニが普及して生活が便利になると、結婚しなくてもいいやと思うひとが増えるのかもしれません。

昔の日本は、男は台所に入るな、などと言われて、男性は料理や裁縫などできないのが当たり前でした。このように、性別役割分業がはっきりしていると、独身では生活に差し支えるので、結婚への圧力が高まります。ところがコンビニには、弁当でもなんでも売っています。独身のほうが気楽で、経済的負担も少ない、と思う人びとが増えるかもしれない。

*

コンビニには、配偶者は売っていません。生身の人間である配偶者との結びつきは、なにものにも替えがたいはずです。

でも、生身の人間とつきあうのは、それなりに面倒です。苦手なひともいます。アニメやインターネットは、生身の人間の代わりという側面もあります。そして、さほど費用がかからない。ヴァーチャル・リアリティの技術が発達すると、ますますこの傾向が強まる可能性もあります。そういう産業が、今後発達するでしょう。

独身でなにが悪い

人びとが、自分なりに考えた結果、独身を選んでいるのなら、政府がとやかく言うことはありません。独身者が増えたことを前提にし、結婚するひとと独身のひとの、どちらかが理由なく不利にならないように、政府は政策を決めるべきです。政治は、人びとのさまざまな生き方に、中立でなければならないのだから。

＊

コンビニやヴァーチャル・リアリティのつぎは、本格的なホーム・オートメーションだと思います。ルンバが掃除をするのが、当たり前になりました。食事の用意、あと片づけ、洗濯から健康管理まで、家事の一切を人工知能とロボットが仕切ってくれる。これが、ホーム・オートメーションです。

ホーム・オートメーションは、生活に便利です。独身のひとも、結婚したカップルも助かります。そして、介護サーヴィスとも共通しています。ホーム・オートメーションは、高齢者の自立能力を高めます。

＊

高齢化は、政府にはどうしようもない、外的な与件です。少子化も、人びとの選択の結果で、政治にとってやはり外的な与件だと考えるべきです。

高齢化は、社会の資源をより多く、介護や医療にふり向けなければならないということです。介護は、効率の悪い人的サーヴィスで、経済にとってプラスにならないと考えられてきました。けれどもそれは、ホーム・オートメーションを発展させる、大きなチャンスともなります。もしも、世界でもっとも極端な高齢化を迎える日本が、これを産業化できれば、人類にとっても大きなプラスを生み出すでしょう。

政治はこれを、支援することができます。

人口が減るということ

少子化はよくないことになっていますが、地球全体からみると、よいことです。

人類は全体としては、むしろ人口爆発で、人数が増えすぎです。このままだとすぐ、一〇〇億人を超えるでしょう。地球の限りある資源が、これだけの人口を養うことができるのだろうか、心配です。

先進国の人びとは、途上国の人びとにくらべて、五倍も一〇倍もの資源を消費します。先進国の人口が減ることは、それだけ、途上国の人びとに回る資源が増えるという側面もあるのです。

地球の人口は多すぎます。これを適正な人口に落ち着かせるには、これから、すべての国々が、少子化を進めて行くことができなければなりません。人びとが意図すれば、いまの家族のあり方や人びとの生き方を大きく変えることなしに、無理なく、人口が減少して行けること。その基礎になる技術が、ホーム・オートメーションだと思います。

人口が増え続けるかわりに、どこかでピークをむかえ、そのあとは減少に転じる。すべての人びとが貧困を脱し、教育を受け、仕事につき、満足な生活を送ることができるためのシナリオを、実例として日本は提供できるのです。

第11講

自由

自由とは何だろう

さて、最後に、自由についてのべておきたいと思います。

自由は、政治の、基本となる考え方だからです。

＊

ではまず、自由とは何か。

自由とはふつう、何かにとらわれず、拘束もされず、なんでもできるという状態をいいます。自由はそれ自身、価値があります。自由がなければ、生きている価値がない、とさえ言われます。

自由には、政治的自由もあれば、社会的自由もあります。

＊

自由については、昔から、いろいろな人が考えてきました。

誰からも束縛されなければ、自由なのか。そうではない、という考え方がある。そういうのは単に、不自由ではないだけ。消極的で、自由のなかみがない。

むしろ、ある価値観や使命に目覚めて、その実現のために全力を尽くすことを、自由というのではないか。それができるのは自分だけで、そのために自分は生まれてきた。それが実現するなら、そのほかのすべてを犠牲にしても惜しくない。そういうひとがとても自由に見える、ということもあるでしょう。これが、積極的な自由の考え方です。

たとえ、誰からも束縛されず、好き勝手ができたとしても、そのひとが、実は誰からも必要とされていなかったとしたら、ちっとも自由な気がしないのではないか。

＊

こう考えてみると、自由とそうでない状態とは、それほど境目がはっきりしないということがわかります。

なにかの拘束を受けながらも、それが拘束とはもはや感じられなくなっているという状態がむしろ、自由なのかもしれません。人びとが抱く自由のイメージと、実際に自由であることとは、そう簡単にはつながらないのかもしれない。

鳥は自由なのか

牢屋につながれたり、拘束されたりしているひとは、ああ、自由になりたいなあ、鳥のように空を飛んで行きたいなあ、と願ったりするでしょう。たしかに鳥は、いつも何かに束縛されがちな人間とちがって、好きなところに飛んで行けるようにみえます。

＊

鳥は、飛ぶ動物なのですね。羽が生えていて、頭は小さくて、心臓は大きくて、筋力が強くて、大変なエネルギーをつかって、空中で自分の体を支えなくてはいけない。そのために、犠牲にしたものがたくさんある。たとえば足なんか、骨と皮ばかりだ。体じゅうを羽毛におおわれているのは、空中が寒くて熱を奪われやすいからではないか。そんなふうに、鳥でない可能性をことごとく捨て去っている。

鳥であることは、犠牲が大きい。

じゃあ、鳥は、空を飛ぶことが嬉しくないのかといえば、そんなことはないでしょう。鳥として生まれ、鳥として飛び回れるのは、鳥本来の姿です。だから、鳥であることは、たぶん、自由なのだと思います。

モーツァルトの自由

今度は、鳥ではなく、モーツァルトの話をしてみましょう。

モーツァルトは、父親も音楽家で、幼い子どものころから音楽家のトレーニングを受けさせられました。ほかの選択肢など、まったくなし。気がついたら彼は、作曲を始めていて、いままで誰も聴いたことがない、完璧な美しい楽曲をつぎつぎ作っていきました。それはたぶん、モーツァルトにとっても、喜びだったでしょう。

モーツァルトに、音楽以外の選択肢はなかった。彼は不自由だったのでしょうか。旅を続け、日々仕事に追われ、寝る間も惜しんで作曲にいそしんだ。抑圧的な父親との関係に悩んだ。出費もかさみ、奥さんの理解も得られず、大きな犠牲を払いながら、三五歳でその生涯を閉じた。そんなモーツァルトがつくった音楽を聴くと、唯一無二の、モーツァルトでなければ表現できないような世界が現れてきます。そう感じる人が、少なくないでしょう。これは、自由以外の何でしょうか。

モーツァルトは、モーツァルトになって音楽をつくるために、この世に生まれた。それを引き受け、完璧にやり遂げた。だから、すごく自由な人だったのではないでしょうか。反対に、モーツァルトが、もしも音楽家モーツァルトになれなかったら、ひどく苦しむと思います。モーツァルトは、鳥みたいです。

＊

ふつうのひとは、なかなか、モーツァルトのようには行きません。そこまでの才能がないし、そこまで集中してものごとに取り組まない。でもそれはむしろ、いろいろな可能性があるということでもあります。意気込んでやってみたけれど、どうやら向いていなかった。ちょっとしたことで人間関係がこじれてしまい、うまく行かなくなった。そうしたなかで悩んだり苦しんだりしながら、ふと気がつくと、ある地点まで来ていた。そういう生き方。

それが不自由かというと、それでも十分、自由だと思います。なぜなら、その時々で、選択しているからです。

自由は選択

われわれの生活は、選択の連続です。

ふだんの暮らしの中で、たとえば、お茶でもコーヒーでも紅茶でも、どれでもそのとき飲みたいものを飲む。選ぶことができるなら、選択です。そういう簡単な選択もあれば、もっと大事な、進学先を決めるとか、就職するとか、結婚するとかいった、人生を左右する選択もあります。どこに住むのか、どういう信仰を持つのか、も選択です。そういう、数々の選択があって、そのひとの人生がだんだん出来あがっていきます。

自分で選んだことだからこそ、それを引き受けることができ、自分は自分だと思うことができるわけです。その点では、鳥もモーツァルトも、どんな人間も、みんな変わりません。そんなふうに人間は選択をし、自由であることを前提に、社会は出来あがっています。

自由と社会

そのいっぽう、社会は、社会を成立させ、維持するためのルールや仕組みを、そなえています。

それには、二種類あります。

ひとつは、人間の自由の本質的な部分に制限をかけて、それによって社会の安定をはかるというやり方。もうひとつは、人びとの自由を最大限に尊重し、そうした自由の上に、社会を組み立てようとするやり方。

伝統的な社会の多くは、前者のやり方を採っています。生まれ落ちたら、もうある身分に属していて、これをしなくてはならないとか、あれはしてはいけないとか、あらかじめ決まっている。奴隷という身分もありました。奴隷とは、誰かの所有物になるということで、それだけ自由が制限される。奴隷から生まれた子どもも奴隷で、生まれたときから自由がありませんでした。大部分がそういう人びとだった時代もあるんです。

農奴は、奴隷よりは自由があるけれど、それでも、生まれた土地を離れることができませんでした。

江戸時代の農民は、農奴ではなかったけれど、移動の自由があまり認められていませんでした。許可なく村を離れることもできないし、国境《くにざかい》を越えるには通行証が必要でした。その通行証は、お寺などで発行してもらわなければならず、関所でそれを見せて許可されてはじめて、そこを通り抜けることができた。そういう意味で、移動の自由は多少は認められていたけれど、現代人のようなわけには行きませんでした。また、江戸時代には身分制度があって、それが理由でできないことも少なくなかったのです。

われわれも、国境を越える場合には、江戸時代と似た仕組みがありますが、国内なら自由に移動できます。それ以外の制限も少ない。

近代と自由

近代社会は、人間の自由を根幹とする社会を作ってみよう、という実験の成果です。一人ひとりが自由で権利をもち、その権利を尊重して政府をつくります。政府は、個々人の自由を制約してはいけない、というのが、近代社会の第一のルール。

自由が実現する場所として、市場（マーケット）があります。そこには、身分がない。伝統の制約がない。一人ひとりが工夫して、自由に企業をつくったり、ビジネスをやったりして、生活を支えてよろしい。職業も、自由に選択しなさい。学校にも、自由に行きなさい。企業にも、自由に就職しなさい。ただし、政府の税金は払わなくてはいけないし、法律も守らないといけない。こういう仕組みです。

*

税金を払うし、法律も守る。

近代社会の、二つのルールです。

これは、不自由なようですが、それが、自由な社会を支えるための最低限の仕組みなのです。それすら守らなければ、無法者になってしまう。

この二つのルールを守って、市民の義務を果たしさえすれば、あとは自分の人生を自由に生きてください、というのが近代社会です。自由と言っても、ほかのひとの自由を、あなたは破壊したり、制約したりすることはできません。という仕方で、社会ができているわけですね。

政府のつくりかた

実を言うと、この社会はまだ、完成していません。作りかけなのです。実際に始めてみたら、いろいろと不具合が出てくる。あちこち、手直しの余地があります。

*

その一例が、政府です。

政府を、どうつくるか。これまでのところ、このあたりは日本という場所です、あのあたりはイタリアで、このあたりは中国です、昔から人びとのつながりが深かったから、自由を実現するため、その場所に政府を作ることにしましょう、という考え方で、あちこちに政府が複数存在しています。

政府は、市民（あるいは、国民）の自由を保障するために存在していて、そのために法律をつくり、税金を集めているわけです。ともかく、そういう政府ができた。では、政府と政府（あるいは、国と国）同士は、いったいどういう関係にあるのだろう。国内のことなら、国には主権があるから、ある意味、何でもできます。でも、国同士の関係になったら、ほかの国の主権も尊重しなければならないでしょう。

*

国と国はどういう関係にあるのか？　外交関係を結びます。

他国とまったく交流せず、外交関係を結ばないという国は存在しない。ならば、どの国とも仲良くしているかというと、そんなことはない。

どんな国にも、国益といって、実現すべき利益があります。

A国にとっての国益と、B国にとっての国益とは、いつも両立するとは限りません。ときには衝突することもあります。そうなると、場合によっては、戦争に発展します。戦争になると、政府は、国民に対して、戦争に行きなさいと命令します。これはとても、不自由でしょう？

じつは近代国家は、こういった不自由を、あらかじめ織り込んでいるわけです。今のところ、これ以外に、人間の自由を保障する仕組みがない。

歴史をふり返ってみると、人類は、これまで何度も悲惨な戦争を経験しています。今後も似たようなことが起きるかもしれません。もしも戦争が不可避なのであれば、人間の自由を保障するためにこしらえたこうした仕組みは、失敗ではないでしょうか。人間を自由にするはずが、かえって不自由にしてしまうからです。

市場の自由

それから、市場（マーケット）。

政府は基本的に、マーケットでの経済活動が活発に行なわれるよう、できる限り介入しません。

ところが、マーケットでの経済活動だけでは、自分の生活基盤を十分に維持できないような人びとが出てくる可能性があります。そうならないよう、政府は税金を使って、公共サーヴィスを提供するけれども、それでも生活に困窮する人は出てきてしまう。その人数が多くなければ何とかなりますが、かなり大勢の人びとがいつも出現するなら、市場（マーケット）という仕組みが失敗していることになります。

＊

ならば、どうすればよいか？

ケインズ主義があって、新自由主義があって、ベーシックインカムがあって、といろんなプランが提示されてきました。でも、まだ決め手がない。すべての人びとの自由を実現し、しかも、すべての人びとの幸せを最大限に実現する仕組みはどのようなものか、まだよくわかっていないのです。

市場（マーケット）には、そういう問題がある。

地球と自由

それから、忘れてはならないのが、地球環境の問題です。

市場（マーケット）のメカニズムによって、経済規模が拡大するにつれ、地球資源はどんどん消費されていきます。その結果、地球環境に影響が及ぶようになりました。

工業なしにまかなえる地球の人口は、わずか数億人ほどのはずです。でもいま、地球上には七五億人もの人間がいる。これだけの人びとが生きていくには、工業力に頼るしかないのです。

いまも人口は、どんどん増え続けています。これにともなって、地球環境への負荷も増大し続けています。この状況をなんとかするには、エネルギー源を持続可能なかたち（再生可能エネルギー）に転換するか、それとも、人口を減らしていくか、しかありません。あるいはその両方を、実現させるのでもいい。

再生可能エネルギーへの転換のほうは、今のところ、うまく行っていません。それに対して人口のほうは、幸か不幸か、先進国の一部では減ろうとしています。これはチャレンジです。人口減少にはマイナスの側面もあるが、じつは、プラスの側面がかなりある。

＊

近代社会は、スタートしてまだ二、三百年しかたっていません。要はまだ、できかけなのです。こうしたなか、必要なのは、まず、十分な構想力。つぎに、人間が生きる条件と社会の仕組みとについての、科学的な考察。そして、現実的な見通しです。

南北の課題

われわれにとっての、もうひとつの大きな課題は、先進国と第三世界の問題です。先進国と第三世界の関係は、あまりに不均等で、不平等なものになっています。

いまのところ、この問題に対する模範解答はありません。けれども、少しでも改善していくための筋道をみつけて、みんなで共有しないと、絶望は深まるばかりです。

自由がない、生きている価値もない、そんなふうにみんなが絶望したら、どうなるでしょうか?

*

まず間違いなく、破壊活動が起こります。現にもう、起こっている、と言ってもいい。そこで問題なのが、その手段として、核が用いられること。核兵器は、地球上でもっとも破壊力のある兵器です。この社会は、核の使用にふさわしいほど、邪悪である。自由が奪われて、不正に満ちている。そう思う人びとが出てくると、核が使用される可能性が高まります。

核が使用されると、いまの社会のシステムは、最悪のかたちで終わってしまうでしょう。今世紀のうちに、そういう破壊活動が起こる可能性が高まっている、と私は思います。

*

破壊活動に対する最大の対抗手段は、希望です。

希望は、うみ出すものです。

希望には、根拠が必要です。人類の不幸や破滅の危機に立ち向かうために、希望を生み出す。そのための知識と努力を惜しまず、たゆまずさまざまな可能性をつくり出し、そのために身をささげる。そういう、若い人びとがたくさん出てこないといけません。

そういう活動に関わること、そういう活動に自分の人生を重ねることこそ、自由ではないでしょうか。

この本を読んでいる若い人びと、退職した人びと、現役で働く人びと、少しでも時間と自由がある人びと。そのために活動しましょう。

あとがき

日本人はなぜ、政治が苦手、なのだろう。

なぜ政治のことを避け、考えまいとするのだろう。

それは、政治がきらいだから。嫌だからだ。

なぜ、嫌なのか。

政治は人間を「拘束」する。そして「強制」する。これは決まったことだから、従いなさい。そうやって政治に、拘束されたり、強制されたりするのが嫌なのだ。

＊

誰だってむやみに、拘束されたり、強制されたりしたくない。ただ、そうばかりも言っていられない。

政治は、人びとを拘束し、強制する。そうすることで、集団に秩序をつくりだす。それなりに大きなサイズの集団に、秩序をつくり出そうとすれば、政治に頼らないわけにはいかない。それ以外に、うまい方法がない。ある国の国民全員、みたいに大勢になれば、なおさらだ。

集団の秩序がつくりだされることには、大きなメリットがある。秩序があれば、協力してものごとを進めることが、できたりする。誰かのわがままや暴力も抑えられる。おかげで、力の弱い人びとも、安心して生きていける。

だが政治には、デメリットもある。集団に秩序ができると、誰かがリーダーになる。そのリーダーがあれこれ、余計な指図をするかもしれない。断りにくい。政治はたしかに、困った拘束や強制の原因にもなるのである。

*

政治のメリットをなるべく大きくし、デメリットを小さくする。政治の制度は、このためにある。そして、これまでのところ、いちばんうまい制度をつくったのが、キリスト教文明だ。憲法や民主主義や法の支配が、それである。

なぜキリスト教は、うまく政治の制度をつくれたのか。それは、神（Ｇｏｄ）がこの世界を支配している、と考えるからだ。

神が、自然を造った。人間も造った。そして、人間一人ひとりに、生まれながらの権利（自然権）を与えた。自然権は、神が与えたもので、ほかの人間が奪ってはならない。リーダー（権力者）も奪ってはならない。――この考え方があれば、リーダーが自分勝手にふるまおうとしても、対抗できる。憲法や民主主義や、法の支配の根底にある考え方である。

人間を超えた、神がこの世界を支配している、と考えたのでは、拘束や強制が、なお強まることにならないか。そうはならない。なぜなら神は、人間と違って、この世界のなかにいないからだ。むやみに、ああしろこうしろと、口を出したりしないのである。

キリスト教の政治の制度は、どんな拘束や強制も、神に由来しなければならない、とする。そこで、無用の拘束や強制がなくなって、人間の自由が増す。リーダーも、ルールに従わなければならなくなる。政治のメリットを大きく、デメリットを小さくする、うまい仕組みである。

＊

だから、こうしてできた近代の政治の制度は、よいものである。そこで人びとは、これに関心をもち、支持し、コミットしようとする。政治を嫌ったり、無関心だったりするのは、ほめた態度ではないのだ。

日本人は大部分が、キリスト教徒でない。キリスト教徒になる必要もないだろう。けれども、近代の政治の制度を、もっと理解する必要がある。そして、政治の制度を運用する能力を高める必要がある。政治は、わたしたちが生きる社会と、密着している。政治がよくなれば、確実に、わたしたちが幸せになる可能性が高まるのである。

本書を書いたのは、こういう思いからだ。読者の皆さんが、もしもこの思いに共感してくださるなら、それぞれの場所で、政治をよくし、政治を通してこの社会をよくする活動を、できる範囲で進めていただきたい。

＊

本書の企画は、筑摩書房編集部の石島裕之さんと相談するなかで、固まっていった。石島さんは、最初から最後まで本書と伴走し、編集者の役割をきっちり果たして下さった。記して感謝したい。

本書が、政治について、不満や、釈然としない思いや、不信感や、どうせ一票を投じても同じことさという あきらめ感やを抱いている、特に若い世代の人びとに、役立つことを願っている。

二〇一八年七月

橋爪　大三郎

ちくま新書
1353

政治《せいじ》の哲学《てつがく》
——自由《じゆう》と幸福《こうふく》のための11講《こう》

二〇一八年九月一〇日 第一刷発行

著者 橋爪大三郎(はしづめ・だいさぶろう)

発行者 喜入冬子

発行所 株式会社 筑摩書房
東京都台東区蔵前二-五-三 郵便番号一一一-八七五五
電話番号〇三-五六八七-二六〇一(代表)

装幀者 間村俊一

印刷・製本 三松堂印刷 株式会社

ISBN978-4-480-07170-5 C0230

ちくま新書

907
正義論の名著
中山元
古代から現代まで「正義」は思想史上最大のテーマのひとつでありつづけている。プラトンからサンデルに至る主要な思想のエッセンスを網羅し今日の課題に応える。

1119
近代政治哲学
――自然・主権・行政
國分功一郎
今日の政治体制は、近代政治哲学が構想したものだ。ならば、その基本概念を検討することで、いまの民主主義体制が抱える欠点も把握できるはず！ 渾身の書き下し。

1281
死刑 その哲学的考察
萱野稔人
死刑の存否をめぐり、鋭く意見が対立している。「結論ありき」でなく、死刑それ自体を深く考察することで、これまでの論争を根底から刷新する、究極の死刑論！

395
「こころ」の本質とは何か
――統合失調症・自閉症・不登校のふしぎ
シリーズ・人間学⑤
滝川一廣
統合失調症、自閉症、不登校――。これら三つの「こころ」の姿に光を当て、「個的」でありながら「共同的」でもある「こころ」の本質に迫る、精神医学の試み。

474
アナーキズム
――名著でたどる日本思想入門
浅羽通明
大杉栄、竹中労から松本零士、笠井潔まで十冊の名著をたどりながら、日本のアナーキズムの潮流を俯瞰する。常に若者を魅了したこの思想の現在的意味を考える。

1000
生権力の思想
――事件から読み解く現代社会の転換
大澤真幸
我々の生を取り巻く不可視の権力のメカニズムとはいかなるものか。ユダヤ人虐殺やオウム、宮崎勤の犯罪など象徴的事象から、現代における知の転換を読み解く。

1146
戦後入門
加藤典洋
日本はなぜ「戦後」を終わらせられないのか。その核心にある「対米従属」「ねじれ」の問題の起源を世界戦争に探り、憲法九条の平和原則の強化による打開案を示す。

ちくま新書

1343 日本思想史の名著30　苅部直
古事記から日本国憲法、丸山眞男『忠誠と反逆』まで、日本思想史上の代表的名著30冊を選りすぐり徹底解説。人間や社会をめぐる、この国の思考を明らかにする。

650 未完の明治維新　坂野潤治
明治維新は〈富国・強兵・立憲主義・議会論〉の四つの目標が交錯した「武士の革命」だった。それは、どう実現されたのだろうか。史料で読みとく明治維新の新たな実像。

1342 世界史序説――アジア史から一望する　岡本隆司
ユーラシア全域と海洋世界を視野にいれ、古代から現代までを一望。西洋中心的な歴史観を覆し、「世界史の構造」を大胆かつ明快に語る。あらたな通史、ここに誕生！

1145 ほんとうの法華経　橋爪大三郎　植木雅俊
仏教最高の教典・法華経が、サンスクリット原典から全面改訳された。植木雅俊によるその画期的な翻訳の秘密に橋爪大三郎が迫り、ブッダ本来の教えを解き明かす。

1326 仏教論争――「縁起」から本質を問う　宮崎哲弥
和辻哲郎や三枝充悳など、名だたる知識人、仏教学者が繰り広げた、縁起をめぐる戦前・戦後の論争。犀利な分析を通して、その根本を浮かび上がらせた渾身作！

465 憲法と平和を問いなおす　長谷部恭男
情緒論に陥りがちな改憲論議と冷静に向きあうには、そもそも何のための憲法かを問う視点が欠かせない。この国のかたちを決する大問題を考え抜く手がかりを示す。

722 変貌する民主主義　森政稔
民主主義の理想が陳腐なお題目へと堕したのはなぜか。その背景にある現代の思想的変動を解明し、複雑な共存のルールへと変貌する民主主義のリアルな動態を示す。

1005
現代日本の政策体系
――政策の模倣から創造へ
飯尾潤

財政赤字や少子高齢化、地域間格差といった、わが国の喫緊の課題を取り上げ、改革プログラムのための思考を展開。日本の未来を憂える、すべての有権者必読の書。

1122
平和憲法の深層
古関彰一

日本国憲法制定の知られざる内幕。そもそも平和憲法は押し付けだったのか。天皇制、沖縄、安全保障……その背後の政治的思惑、軍事戦略、憲法学者の主導権争い。

1195
「野党」論
――何のためにあるのか
吉田徹

野党は、民主主義をよりよくする上で不可欠のツールだ。そんな野党に多角的な光を当て、来るべき野党を、これからの対立軸を展望する。「賢い有権者」必読の書！

1199
安保論争
細谷雄一

平和はいかにして実現可能なのか。安保関連法をめぐる激しい論戦のもと、この重要な問いが忘却されてきた。外交史の観点から、現代のあるべき安全保障を考える。

1346
立憲的改憲
――憲法をリベラルに考える7つの対論
山尾志桜里

今あるすべての憲法論を疑え！　真に権力を縛り立憲主義を取り戻す「立憲的改憲」を提起し自衛権、安全保障、違憲審査など核心問題について気鋭の論客と吟味する。

659
現代の貧困
――ワーキングプア／ホームレス／生活保護
岩田正美

貧困は人々の人格も、家族も、希望も、やすやすと打ち砕く。この国で今、そうした貧困に苦しむのは「不利な人々」ばかりだ。なぜ？　処方箋は？　をトータルに描く。

710
友だち地獄
――「空気を読む」世代のサバイバル
土井隆義

周囲から浮かないよう気を遣い、その場の空気を読もうとするケータイ世代。いじめ、ひきこもり、リストカットなどから、若い人たちのキッさと希望のありかを描く。

772
学歴分断社会
吉川徹
格差問題を生む主たる原因は学歴にある。そして今、日本社会は大卒か非大卒かに分断されてきた。そのメカニズムを解明し、問題点を指摘し、今後を展望する。

787
日本の殺人
河合幹雄
殺人者は、なぜ、どのように犯行におよんだのか。彼らにはどんな刑罰が与えられ、出所後はどう生活しているか……。仔細な検証から見えた人殺したちの実像とは。

939
タブーの正体！
――マスコミが「あのこと」に触れない理由
川端幹人
電力会社から人気タレント、皇室タブーまで、マスコミ各社が過剰な自己規制に走ってしまうのはなぜか？『噂の眞相』元副編集長がそのメカニズムに鋭く迫る！

1078
日本劣化論
笠井潔
白井聡
幼稚化した保守、アメリカと天皇、反知性主義の台頭、左右の迷走、日中衝突の末路……。戦後日本は一体どこまで堕ちていくのか？　安易な議論に与せず徹底討論。

1091
もじれる社会
――戦後日本型循環モデルを超えて
本田由紀
もじれる＝もつれ＋こじれ。行き詰まり、悶々とした状況にある日本社会の見取図を描き直し、教育・仕事・家族の各領域が抱える問題を分析、解決策を考える。

1168
「反戦・脱原発リベラル」はなぜ敗北するのか
浅羽通明
楽しくてかっこよく、一〇万人以上を集めたデモ。だが原発は再稼働し安保関連法も成立。なぜ勝てないのか？勝ちたいリベラルのための真にラディカルな論争書！

1205
社会学講義
橋爪大三郎
佐藤郁哉
吉見俊哉
社会学とはどういう学問なのか？　基本的な視点から説き起こし、テーマの見つけ方・深め方、フィールドワークの手法までを講義形式で丁寧に解説。入門書の決定版。